34

DAS ANDERE

CADA UM CARREGUE SUA CULPA

DAS ANDERE 34

Francesca Mannocchi
Cada um carregue sua culpa — Crônicas das guerras do nosso tempo
Porti ciascuno la sua colpa — Cronache dalle guerre dei nostri tempi

© Editora Âyiné, 2021
© Gius. Laterza & Figli, 2019
Todos os direitos reservados

Tradução
Cezar Tridapalli
Preparação
Giovani T. Kurz
Revisão
Andrea Stahel
Ilustração
Julia Geiser
Projeto gráfico
Luísa Rabello

ISBN 978-85-92649-95-1

Editora Âyiné
Belo Horizonte, Veneza
Direção editorial
Pedro Fonseca
Coordenação editorial
Luísa Rabello
Produção editorial
Ana Carolina Romero, Rita Davis
Conselho editorial
Simone Cristoforetti, Zuane Fabbris, Lucas Mendes

Praça Carlos Chagas, 49 — 2º andar
30170-140 Belo Horizonte — MG
+55 31 3291-4164
www.ayine.com.br
info@ayine.com.br

FRANCESCA MANNOCCHI

CADA UM CARREGUE SUA CULPA

Crônicas das guerras do nosso tempo

Tradução
CEZAR TRIDAPALLI

Âyiné

a meu filho Pietro
as minhas novas lentes sobre o mundo

SUMÁRIO

Cada um carregue sua culpa	15
Esse medo é o diabo	37
Reconquistar ou punir?	67
A pastinha azul	97
Vencer a guerra e perder a paz	111
Mahmoud, a testemunha	141
As sementes do EI	175
Fala sobre o que não muda	207
Notas	235
Bibliografia essencial	237
Agradecimentos	241

Haji, 65 anos, pai de Mushtaq, miliciano do Estado Islâmico (EI), campo de refugiados de Hamam al Alil, primavera de 2017

Aliciavam as nossas crianças, os nossos meninos, diziam a eles como matar os Rawafed,[1] usavam a religião como instrumento. Faziam a cabeça dos meninos como poderiam fazer a minha, como poderiam fazer a cabeça de um velho. Um dia meu filho voltou para casa e me disse: «Estou seguindo o Daesh». Tinha onze anos.

Eu fui até aquelas pessoas e implorei para que não o levassem embora. Na mesma noite meu filho chegou em casa gritando: «Se você tentar se rebelar novamente, a gente vem aqui e arranca a sua língua com a mão».

Com «a gente» ele queria dizer ele e os outros do EI. Dizia: «Fique quieto ou cortamos sua língua». Tinha onze anos.

Eu sou analfabeto. Minha mulher é analfabeta. Todos os meus sete filhos também, inclusive Mushtaq, o mais novo.

Mushtaq nunca foi para a escola deles, não sabia nem ler, imagine contar. Transformaram-no logo em um soldado, era mão de obra para a guerra, só isso.

---

1 Para o Estado Islâmico (EI), são aqueles que renegam a verdadeira religião. O termo é usado de modo depreciativo pelos muçulmanos sunitas, que se referem assim aos xiitas porque os xiitas não reconhecem Abu Bakr, Umar e Uthman como legítimos sucessores de Maomé e consideram Ali o primeiro sucessor.

Eu sabia quem recrutava os meninos aqui em Hamam al Alil, então fiz uma última tentativa. Fui até esse rapaz e ajoelhei: «Deixe o Mushtaq para lá, não o mande unir-se ao grupo, peço isso como pai». Ele me respondeu: «Infiel, tenha vergonha e suma daqui».

Um dia depois queimaram o meu carro. Mushtaq chegou em casa com um fuzil e com o cano bateu na minha cabeça. Disse: «Se achar que ainda pode se meter eu mato você».

A mãe dele gritava, dizia: «Mushtaq, faz isso por mim, faz pela tua mãe, não vai». Bateu nela até quebrar-lhe o braço. Daí se foi e não o vimos mais.

Não me lembro sequer em que mês estávamos, sou analfabeto e velho. Metade das pessoas daqui tem filhos que se juntaram ao EI, meninos como Mushtaq, que partiram de Hamam al Alil para seguir esses criminosos. Crianças, como ele.

Muitos rumores chegaram aos nossos ouvidos durante esse tempo, um dizia que em dois anos Mushtaq havia se tornado um dos responsáveis pela guarda da região, que andava armado nos checkpoints, outro dizia que batia nos velhos. Que batia em gente como eu.

Minha mulher ouviu dizer que ele tinha morrido há cinco meses, atingido por uma bomba, mas não sei. Não sei mais nada dele. Teria quatorze anos agora, se estivesse vivo.

Não tenho medo de que esteja morto, por que eu deveria ter medo? Foi o caminho que escolheu. Deixou-nos apenas problemas que infelizmente nem a sua morte resolveria.

Saquearam a nossa casa, roubaram todos os móveis, levaram tudo embora.

Somos pais de um soldado do EI; o exército entra quando quer, destrói, ameaça, um dia entraram e pegaram até a nossa farinha, não temos nem mais farinha para fazer uma massa de pão.

Eu fico louco, não tenho nada a ver com o EI e sofro as consequências porque meu filho, um menino analfabeto, foi recrutado, virou um soldado e escolheu matar e morrer em nome do EI. Maldito seja.

CADA UM CARREGUE SUA CULPA

Os nossos vizinhos não falam conosco, minha mulher não pode sair nem para mendigar um pão, dizem que devemos ir embora por bem, caso contrário nos mandarão à força. Eu fico louco.

Por isso, se você me pergunta se estou preocupado, se fico pensando se Mushtaq está morto, se é verdade que um avião de combate o matou, digo que isso não me importa. E, se me trouxessem o corpo dele aqui, amanhã, eu não o iria querer de volta.

CADA UM CARREGUE SUA CULPA

É março. Em Mossul já faz muito calor. Karwan dirige. Rodi, sentado ao lado dele, convida-o para seguir a regra do grupo: *philosophy of the wrong side*, a filosofia do lado errado, diz. Sugere a ele que pegue a esquerda e ultrapasse as filas intermináveis de carros que esperam nos checkpoints. O primeiro checkpoint é dos peshmerga; depois, na sequência, o do exército iraquiano, o da Federal Police, a Polícia Federal, e o da Golden Division, as tropas especiais. Cada checkpoint é uma aposta, passar ou não passar por ele depende das permissões e dos humores. Tudo é regulado por uma arbitrariedade genérica, o humor dos soldados, a corrupção endêmica, as alianças mutáveis entre as forças em jogo, e os conhecidos. Cada checkpoint exige paciência para esperar alguns minutos de entretenimento: Alto, passaportes, italianos? Totti! Juventus! Quando está tudo bem é o futebol, quando não está tão bem é: Italianos? Berlusconi! E assim por diante, por cinco, seis, sete checkpoints. Todo dia.

Rodi não gosta de esperar, não gosta nem do bom humor dos soldados, e principalmente não gosta da queda de braço com os comandantes do exército nos checkpoints. Toda vez a mesma ladainha: quem são vocês? vão para onde? vocês têm autorização? Exceto quando se descobre que a cada dia é preciso um papel a mais, que um gabinete decidiu ser necessária outra assinatura, que é preciso ter uma permissão para entrar, uma para atravessar e uma para sair de Mossul. «*Philosophy of the wrong side*», repete Rodi a Karwan.

No papel, Karwan é um motorista e Rodi, um tradutor. De verdade, Karwan, um curdo iraquiano de mil vidas, e Rodi, um jovem médico sírio que nos tempos da guerra em Mossul morava em Erbil, tornaram-se durante nove meses uma família por meio da qual acabamos medindo os tempos da guerra. O tempo de dividir as camas de campanha de uma base militar provisória no front, de repartir as refeições com os soldados, de guardar as câmeras fotográficas e ajudar alguém; ou as horas necessárias para ouvir uma história, a duração de um aperto de mão, ou o intervalo em que se acolhe uma dor. O tempo — a maior parte do tempo —, o longuíssimo tempo das esperas.

Foi em uma dessas esperas que descobri que Karwan é mais jovem do que eu, embora pareça ter vivido uma vida longa, duas vezes a minha, e que nos anos 1990, jovenzinho, fugiu do Iraque clandestinamente e sem um tostão. Queria ir para Londres, uma vida melhor. Assim se explica o seu inglês perfeito.

Repartimos as tigelas de arroz cozido nos quartos escuros das bases militares, pois os geradores de eletricidade estavam desligados e se comia com a luz dos celulares, enquanto as baterias duravam. Horas de estrada e de silêncios muito longos, o medo nas edificações do front onde o EI havia deixado cabos ligados a dispositivos explosivos.

E a cada passo o olhar e a pergunta: vamos em frente?

Apesar disso, levou meses para eu chegar a uma parte de fato importante da vida dele e saber que com dezessete anos Karwan tentou nove vezes embarcar em uma balsa com outros iraquianos, escondidos, clandestinos como ele. Era 1999, a Europa ainda não tinha tanto muros, mas os desejos de quem fugia eram sempre os mesmos.

«*I was so crazy*», eu era tão maluco, disse, sorrindo, enquanto bebericava o *ayran*.[2] Chegou a Londres no ano 2000 e viveu lá por sete anos. Trabalhava como mecânico em uma oficina, até que um dia sua mãe ligou pedindo que voltasse: «Seu pai está doente, volte, você precisa vê-lo ainda vivo ao menos uma vez». Karwan juntou todas as suas coisas, as poucas centenas de libras economizadas para ter um carro e comprou a primeira passagem para Bagdá. De lá, um ônibus o devolveu a Erbil, capital do Curdistão iraquiano, sua casa. Viu morrer seu pai, casou-se com sua prima e teve dois filhos. Não voltou mais a Londres.

Rodi, por sua vez, nasceu e cresceu em Rojava, em uma família numerosa. Na Síria, matriculou-se em medicina e em 2014 decidiu terminar os seus estudos no Iraque. É esguio, tem um rosto angulado, olhos escuros e intensos. Nos meses da guerra, de novembro a julho, as suas têmporas se pintaram de branco. Tem um ar de bom moço, no verão veste quase sempre camisas xadrez vermelhas ou azuis; no inverno, muitas blusas, umas sobre as outras. Uma leve gagueira ameniza seu jeito resoluto. Rodi sempre consegue aquilo que quer; é um tradutor preciso e refinado. Pedir às pessoas para falarem de si, pedir autorização para entrar em suas vidas é um ponto crucial desse trabalho, escavar uma terra fértil sem alterar seu equilíbrio; e às vezes significa escolher não fazer perguntas.

Um dia chegamos adiantados a um compromisso, paramos para beber um chá em um quiosque recém-reaberto depois da guerra. Um homem se aproximou, pele bem escura, rosto encovado, uns cinquenta anos. Precisava de uma carona para casa, e veio conosco.

---

2   O *ayran* é uma bebida à base de iogurte, água e sal.

Rodi olhou para mim e disse: «Este homem nem sempre foi assim magro, dá para ver. Quero entender a raiz da sua dor». Na hora de virar a esquina, Kassam, era esse o seu nome, tirou do bolso direito a sua carteira de identidade e uma fotografia. Um jovem sorridente, olhos muito escuros, cabelos levemente encaracolados e uma camisa vermelha. Era seu filho. «Mataram ele na porta de casa.»

Kassam chorou por muito tempo, no carro com quatro desconhecidos, nem eu, nem Rodi o interrompemos; nem uma pergunta, nem um consolo. Acho que ele precisava apenas extravasar aquela dor, uma liberdade que provavelmente não podia se permitir em casa com uma mulher e outros quatro filhos pequenos para criar. Era um soldado nos tempos do regime de Saddam; depois sofreu a ocupação americana, a dissolução do exército, o desemprego, a raiva. E um buraco negro na história. «Kassam, você os apoiou? Seu filho os apoiou? Por que o mataram?» Ele balançou a cabeça, sinal de que queria seguir adiante, e nós demos um passo atrás, porque o seu silêncio era o negativo da história, tudo já estava ali; Rodi tinha entendido com um olhar.

Sabe ler as histórias das pessoas que encontra a partir de um aperto de mão.

Uma das irmãs de Rodi combate no Ypj,[3] e ele toda hora mostra com orgulho as fotos dela; tem uma ferrenha admiração pelas mulheres da sua família. «Minha irmã está no front hoje, e tanto ela quanto minha mãe brincam sobre mim, porque eu nunca conseguiria tocar em armas mas venho até o front com vocês todos os dias.»

---

3   Ypj é uma sigla que significa «Unidade de proteção às mulheres». É a brigada totalmente feminina da Ypg, as forças armadas da região síria do Curdistão Ocidental, conhecido como Rojava.

Rodi tem também uma namorada, Judi, que espera por ele em Rojava há mais de um ano. Toda semana promete a ela que assim que a guerra terminar vai encontrá-la, vai pedi-la em casamento, e — como na tradição — casará com ela e a fará feliz. Porém a guerra é longa, Judi está longe e para conversarem de uma parte a outra de dois países em guerra há um caminho cheio de obstáculos. Assim, às vezes, naquela cama de campanha no chão da base militar provisória dos soldados, Rodi fala com Judi, suspira, diz para ela que não, não se expõe ao perigo, que evita as primeiras linhas do front, que faz de tudo para ter dez minutos de conexão todas as noites para dar boa-noite a ela. Mas não é verdade que Rodi evita as primeiras linhas do front. Não gosta das armas, mas conhece a guerra e sabe narrá-la bem. Tanto que, num dia de março, enquanto atravessávamos um beco de três metros, quatro no máximo, Rodi e eu fomos alvo de um franco-atirador. Dois tiros secos, limpos. Um passou de raspão em mim enquanto eu corria e outro de raspão em Rodi. «*Mannocci, our lucky day.*» *Mannocci*, assim ele me chama, o nosso dia de sorte. Não foi o único.

Rodi às vezes se esquece do colete à prova de balas, mas tem sempre consigo uma sacola de plástico com seu cobertor de lã. Não gosta de dormir com as cobertas da base militar, diz que nunca se sabe quem as usou antes, talvez os Daesh. Então leva a sua de casa, de uma das regiões novas de Erbil, que parece uma pequena Dubai, o mar de prédios com dezenas de andares, todos iguais, separados por algum centro comercial e restaurantes barulhentos com luzes de neon.

Em um dos dias de março de 2017 estávamos na parte oriental de Mossul, que então havia sido libertada fazia alguns meses. No final das contas, os danos estavam contidos e cada um, conforme suas possibilidades, tentava construir um pouco de normalidade. Um homem esvaziava o interior de sua casa dos destroços provocados pelos morteiros; grupos de funcionários do Estado, todos de azul, limpavam as estradas, alguém dava novamente vida a armazéns de gêneros alimentícios e café. No caminho até a universidade, a leste de Mossul, um rapaz preparava as brasas para o kebab, enquanto um menino varria o chão entre as seis mesas verdes de plástico dentro de um restaurante. Não havia ninguém nas mesas e um grupo de moscas zanzava em volta dos pratos de falafel e tomates. Eu estava com fome. «Vamos comer, rapazes», eu propus. Então nós paramos.

O menino que varria o chão se chamava Abudi. Sorriu, olhando para mim, e, enquanto esperávamos a comida, contou a sua história nos fundos do restaurante: é melhor nos fundos, disse, porque nunca se sabe quem pode escutar. Sentou-se em cima de um freezer, chinelos nos pés e camiseta de manga curta cinza-escura. «Está calor hoje», disse, «tomara que continue assim, eu só tenho duas camisetas de manga curta, não saberia como me proteger se esfriasse.» Abudi tinha doze anos. Havia fugido com sua família durante os combates dois meses antes, no início da ofensiva. Tinha uma voz áspera e uma conversa madura. O semblante era severo, como de quem carrega nas costas um peso superior à sua capacidade, um rosto tão endurecido que o fazia parecer uma criatura sem idade. Você percebia que tinha doze anos apenas quando, de repente, abria um sorriso. Por um instante, dava para entrever o rosto de uma criança.

Enquanto falava, Abudi cruzava nervosamente o polegar e o indicador da mão esquerda, o movimento dos dedos ficava mais brusco quando falava das violências que havia testemunhado. «A primeira execução foi terrível. Três rapazes degolados na praça, a golpes de espada. A segunda também foi feia: um rapaz jogado de um prédio, acusado de bruxaria. Mas a terceira que eu vi, a de Mourad, foi a pior. Não foi a mais violenta, porém foi a mais próxima de nós. Ou foi a pior porque estávamos nos acostumando, era o que papai falava. Dizia: 'Meu filho, não se acostume'.»

CADA UM CARREGUE SUA CULPA

Eu me perguntava quando é que Abudi tinha parado de ser criança ou se já tinha sido uma.

«Que sonhos você tem, Abudi?», perguntei. Ele ainda estava sentado no freezer, com as pernas penduradas balançando e os chinelos sujos nos pés enquanto continuava a esfregar o indicador e o polegar da mão direita em um movimento cada vez mais sincopado, de baixo para cima. «Não tenho nenhum sonho», me respondeu, «não tenho sonhos.»

Passamos o resto da tarde em volta das mesas verdes de plástico no restaurante em que Abudi trabalhava. Além de nós, não entrou mais ninguém. Comemos falafel, alguns tomates e pepinos, bebemos uma coca. Abudi nos falou sobre *os outros*, os filhos de Daesh: tinham a sua idade e «vestiam-se de Kandahar», isto é, com as calças curtas no meio da panturrilha ou com uniforme militar com a faixa preta do EI em volta da cabeça e armas nos ombros. Ele nos falou das crianças que vigiavam as ruas e xingavam os velhos e tentavam recrutar meninos da mesma idade prometendo primeiro brincadeiras e balas, depois motocicletas, e por fim as virgens. Meninos já adultos: tinham onze, no máximo treze anos, e patrulhavam as estradas, violentos como seus pais. Enquanto comíamos o nosso falafel, Karwan nos mostrou uma foto da filha mais velha, que sua mulher — professora de inglês em uma escola fundamental de Erbil — tinha acabado de mandar. Falar dos filhos distantes era um pequeno ritual para nós, nos meses da guerra. Talvez achássemos que aquilo iria nos salvar de toda a dor. Talvez mitigasse o peso da vida dos outros. Ou era algo que estava se rompendo, as sólidas certezas do início da guerra, o bem e o mal, não funcionavam mais.

Na foto, a filha de Karwan estava vestida de vermelho: o vestido de princesa, como ela chama, ele me disse. Era sexta-feira, dia de festa, portanto, e a mulher a levaria para passear com o irmão mais novo. A menina adora parques de diversão, algumas noites antes Karwan havia nos mostrado um vídeo curto, ele e a pequena nos carrinhos bate-bate na parte de fora do *family mall*, em Erbil. Rodi nos observa enquanto trocamos nostalgias de pai e de mãe distantes dos filhos; ele também quer filhos, uma família numerosa igual à minha, diz, assim que voltar a Rojava eu me caso com Judi.

«O que você acha que se deve fazer com os filhos do EI, Rodi? O que o Iraque vai fazer?», perguntei. Rodi estava mastigando um pedaço de pão árabe, ainda não tinha acabado de engolir e levantou o olhar sem tirar os óculos que usava de vez em quando, mas não sempre.

«Matarão o maior número possível deles, o que vão fazer?», respondeu com tranquilidade. «O Iraque certamente não tem recursos e provavelmente nem vontade de salvar esses meninos. Não há projeto a longo prazo para que se livrem da lavagem cerebral que fizeram neles, por isso correm o risco de se tornarem piores do que seus pais, e ainda serão estigmatizados e rejeitados por todos. Não é que o Iraque não queira ser generoso e nobre e perdoar e ser indulgente com as famílias do EI. É que não pode.»

«Tudo se cura quando há cuidado», ele me disse. «Mas só se houver cuidado. Vocês, europeus, que têm recursos e habilidades, façam uma coisa: peguem esses meninos, depois os devolvam quando estiverem curados.» Eu o observava. É possível ver pelas mãos pequenas e delicadas que Rodi é um doutor. Todos os médicos têm mãos parecidas, eu disse a mim mesma enquanto ele falava.

Não sei se algum dia ele será médico, se vai se mudar para Rojava, trabalhar cuidando de pacientes e à noite voltar para casa junto a Judi, e as crianças que terão vão correr ao seu encontro na porta. Não sei se aquilo que estudou na universidade de Erbil vai virar o seu trabalho e sustentá-lo, só sei que naquele dia de março, enquanto comíamos falafel frio e tomates e pepinos no

CADA UM CARREGUE SUA CULPA 23

restaurante onde trabalhava o pequeno Abudi, que viu pessoas sendo degoladas em Mossul, a atividade de Rodi tornou-se uma analogia perfeita.

Havia, nas palavras de Rodi, um tom que parecia uma reprovação. Ele sabia que eu tinha percebido.

Ele estava me dizendo: é fácil para você se sentar nesta mesa de plástico verde no Iraque e pensar sobre as categorias de bem e de mal, de perdão e de castigo, mas aqui existe a guerra e os julgamentos são mais simples, as diferenças perdem a sutileza e, quando perdem a sutileza, geralmente o mal vence: seu pai matou o meu filho, então eu não quero que você sobreviva.

Brutal, é verdade, mas evidente. Estava me dizendo que a vingança regula as ações e os julgamentos. Mas aquele «matarão o maior número possível deles, o que vão fazer?» estava me dizendo também outra coisa. Aquela frase era o resumo de uma análise racional e crua dos custos e benefícios da guerra de Mossul. Ele estava me dizendo: já passamos por isso, os americanos invadiram o Iraque, queriam esmagar o terrorismo e exportar democracia, mas em vez disso multiplicaram os conflitos sectários e favoreceram as condições para a ascensão de fundamentalismos piores que as ditaduras que os precederam. Estava me dizendo: mesmo que tenham meios e competência, nesta parte do mundo vocês continuam a repetir os mesmos erros de décadas. Agem mas não têm visão, por isso resolvemos do nosso jeito, eliminando o problema pela raiz.

Admitimos que estamos prontos para aceitar a ideia de que seja lícito matar centenas, milhares de crianças, se necessário. Porque os consideramos perdidos, porque correm o risco de se tornarem piores do que seus pais. A degradação do pós-guerra não pode nada mais do que embrutecê-los, os sobreviventes serão marcados para sempre, e, se no começo a marca será uma vergonha, ao longo dos anos se tornará um sinal de reconhecimento, um fator de unificação, uma distinção ideal para a continuidade do projeto do Califado, e aqueles meninos sobreviventes serão a planta florida da semente deixada pelo EI. Estava me dizendo: não podemos permitir isso, vocês ainda não entenderam, mas para nós tudo já foi visto. Aquele «matarão o maior número possível deles, o que vão fazer?» era praticamente uma estratégia antiterrorismo. «Vão matá-los todos.» Onde eu tinha ouvido isso antes?

Em dezembro de 2016, a Líbia estava em guerra para libertar Sirte do EI.

Em julho do ano anterior, o EI havia imposto seu domínio sobre a cidade depois de ter reprimido à base de muito sangue uma revolta liderada pela tribo local dos Farjani. Os cadáveres dos revoltosos foram expostos ao público, alguns deles crucificados e deixados na praça por dias. Sirte era a cidade natal do ex-líder Kadafi, sua base de apoio e palco da sua morte. Depois da revolução, as pessoas de Sirte sofreram com a exclusão e o repúdio geral, mais ou menos o que aconteceu na região de Anbar, no Iraque, que havia sido a base de apoio de Saddam Hussein. Depois da ocupação americana e da dissolução do partido Baath e do exército iraquiano, o triângulo sunita iraquiano foi marginalizado e punido até se tornar palco dos mais duros conflitos das insurreições contra os americanos, antes e depois da guerra civil.

Cidades-símbolo dos regimes depostos, tornaram-se ambas reduto de um fundamentalismo que explorou a instabilidade, traduzindo-a em revolta e violência.

Em resumo, em Sirte havia guerra. A praça de Zafaran, onde até poucos meses antes os milicianos do EI haviam enforcado e crucificado pessoas que consideravam infiéis, trazia as marcas de uma guerra dura: casas, mesquitas, bancos, hospitais, tudo estava destruído.

Na estrada que leva ao imponente centro de convenções de Oagadougou, tido por Kadafi como símbolo do próprio poder e do apoio que tinha em sua cidade natal, havia ainda dois cartazes do Estado Islâmico. O primeiro convidava os jovens a rezar, o segundo mostrava um kalashnikov e um texto que dizia: «se você nos trai, trai a sua família». Eram as últimas semanas de dezembro da guerra líbia contra o EI, as poucas dezenas de milicianos restantes estavam sitiados na região de al Giza, no litoral. Era impossível saber quantos milicianos havia ainda dentro das casas, era ainda menos possível saber quantos eram os civis presos. Nos hospitais de campanha chegavam crianças desidratadas e aterrorizadas. Os médicos perguntavam onde estavam os pais. Elas respondiam: «Estavam lutando contra vocês». Os mais perturbados gritavam para os médicos e para os enfermeiros que eles eram infiéis e acabariam no inferno. Eram dias em que o desespero pelos soldados mortos devido aos ataques suicidas do EI alternava-se com o entusiasmo da ofensiva que caminhava para o fim. Os soldados líbios eram quase todos muito jovens, iam para o front com fuzis e chinelos. Muitas armas, pouco treinamento.

Queriam se mostrar cheios de coragem e orgulho: «Estamos protegendo a Europa do EI», diziam seguidamente, como uma liçãozinha decorada que sabe-se lá qual general lhes havia enfiado na cabeça, talvez em concordância com os exércitos europeus que forneciam veículos terrestres e bombas. Quinhentos, os americanos, em sete meses de guerra. Durante meses, os soldados líbios, mesmo os mais jovens e menos sensatos, mantiveram discrição em relação à captura e ao tratamento dos prisioneiros. Difícil saber aonde os levavam e quem os interrogava, se os *foreign fighters* seriam devolvidos aos países de origem.

Todas as últimas semanas de guerra se parecem um pouco, o pudor abre espaço para os fatos.

«Mas quais prisioneiros? Nós não fazemos prisioneiros», havia nos dito em dezembro Makmoud, 21 anos, de Misrata, estudante de informática e já de longa data soldado que protege do EI as fronteiras além da Europa. «Não fizemos prisioneiros»; este era o mandamento da guerra: *kill them all*.

Um dia antes de Sirte ser declarada oficialmente livre, os soldados líbios retiraram um jovem dos escombros de al Giza. Tinha o rosto marcado pela fome e pela sede, a barba comprida e desgrenhada, usava calças camufladas, rasgadas em diversos pontos, em cima uma camiseta cujas mangas haviam sido arrancadas.

Enquanto o soldado retirava-o de lá, entrevia-se o tórax do jovem, tão magro que era possível contar suas costelas. Dezenas de outros soldados em volta. Gritavam «*Allahu Akbar*». O jovem miliciano tirado das ruínas estava completamente desarmado. Tecnicamente, um prisioneiro. O soldado líbio, com um boné virado para trás, segurava-o pelos cabelos e, para arrastá-lo e levá-lo até a praça, empurrava-o com golpes bruscos. Em poucos segundos, todos os degraus da pirâmide de entulhos se encheram de outros soldados, bonés na cabeça, chinelos nos pés e fuzis. Um deles tinha uma camiseta onde se lia «*Tremendous law*».

Atiravam para cima, todos juntos, como se celebrassem uma excitação coletiva. Até que um dos soldados atirou nas pernas do prisioneiro. Continuavam a gritar «*Allahu Akbar*» cada vez mais forte, até virar uma única voz. Daí vieram os disparos, secos, contra o rapaz desarmado.

Não era para estarmos lá, ainda mais com a minha câmera e a máquina fotográfica de Alessio ligadas. Havíamos passado muito tempo com aqueles soldados para ganhar a sua confiança, por isso chegamos a um ponto tão avançado do front sem ninguém ficar preocupado com a nossa presença. Um disparo, dois, uma rajada.

Olhamos um para o outro e bastou um piscar de olhos e um gesto rápido de cabeça para rapidamente sairmos de lá, foi o tempo

CADA UM CARREGUE SUA CULPA

de tirar os cartões de memória das câmeras, escondê-los no bolso mais interno das calças e se perguntar onde estavam os cigarros. «Me dê algo para fumar, por favor.»

De tempos em tempos reabro aquela foto e me detenho nela. O rapaz — o miliciano capturado — aperta a sua coxa esquerda, um soldado à sua direita arrasta-o para a praça à beira-mar, a última linha do distrito de Giza, agora arrasado. Em volta dele dezenas de soldados, todos armados. A foto congela o momento exato em que o primeiro disparo o atingiu na perna esquerda. O miliciano está com uma expressão medonha no rosto. Difícil dizer se de dor ou de medo. Toda vez que olho para aquela foto encontro um detalhe que não tinha notado. Da última vez percebi uma pessoa de costas, embaixo à direita, que usa uma camisa azul. Era um dos enfermeiros do hospital de campanha. Também ele está exultante com aquele momento de violência coletiva, espectador entusiasmado de um crime de guerra.

Vimos tanta morte e tantos feridos ao longo destes anos. Mas aquele dia em Sirte foi diferente. Tratava-se de uma execução, era a parte da guerra que não podíamos nem devíamos testemunhar. Quando voltamos, o corpo do rapaz estava estendido no asfalto, mais ou menos na posição em que ficou quando foi atingido pelo primeiro tiro, na perna. Em volta dele outras dezenas de corpos. Dezenas de rapazes muito jovens, descalços, famintos, prontos para tudo, com seus passaportes no bolso. Jovens tunisianos, iraquianos, nigerianos, malineses. E líbios, obviamente.

Havia chegado a hora das orações. À esquerda, o mar e os soldados nas calçadas em filas de dois, três no máximo, a rezar, descalços sobre os tapetinhos, na direção de Meca, joelhos no chão, as palmas das mãos voltadas para o rosto, o olhar baixo. À direita, Giza destruída; no meio do asfalto, os cadáveres dos milicianos mortos, e nós parados, olhando. Enquanto observávamos aquele corpo rodeado de dezenas de outros corpos, ouvimos um som seco, fortíssimo. Vinha do mesmo conjunto de escombros de onde havia sido tirado o jovem miliciano poucos minutos antes. Erguemos os olhos na direção de algo indefinido no céu. «Braços», disse-me Alessio, «e um pedaço de tronco.» Era outro miliciano: para não ser capturado, explodiu-se.

A morte daquele rapaz assassinado diante de nossos olhos é filha da violência de todas as guerras, mas é filha também da estratégia básica do antiterrorismo evocada por Rodi: resolver o problema matando o maior número possível deles.

Naquele dia de março, diante de um falafel a leste de Mossul, perguntei-me se a narrativa que se impôs ao longo destes anos sobre o EI e que o descreve como um monstro monolítico a ser desintegrado a todo custo seria suficiente para explicar isso que estávamos vivendo, e sobretudo o que estávamos testemunhando em Mossul.

Depois de ter ouvido a sabedoria do pequeno Abudi, as palavras de Rodi, depois de ter recordado a execução do miliciano de Sirte, fiquei me perguntando o que era o EI no imaginário coletivo.

O EI é o mal sem apelação. As bandeiras negras, hasteadas, sem nuances. Os milicianos do EI não são apenas soldados da jihad agindo em nome de uma interpretação distorcida da religião, são diabos perversos, sedentos de sangue, que querem corromper as almas dos jovens muçulmanos e destruir o Ocidente. Com o EI não se pode falar. Com o EI não se deve falar. Cai o pano. Fim.

É suficiente? Não, não foi e não é. Acredito que uma das razões pelas quais o EI é descrito como um monstro monolítico seja que essa descrição foi útil para a única resposta que o Ocidente soube dar ao terrorismo ao longo destes anos: violência contra a violência. Bombardeios indiscriminados, execuções sumárias, punições coletivas. Isso, claro, leva à vitória momentânea, aquela

CADA UM CARREGUE SUA CULPA

que joga para as câmeras, com as paradas militares e os tanques de guerra desfraldando as bandeiras iraquianas e o primeiro-ministro al Abadi agradecendo a coalizão internacional aos gritos de «Vencemos, aniquilamos o mal».

Mas não leva nem a entender, nem a vencer os desafios de amanhã.

A violência ao longo destes anos tornou-se um álibi, e a narrativa sobre o EI serviu para justificar a necessidade de toda e qualquer ação contra aquele mal. E para justificar uma remoção em massa: os *foreign fighters* e seus filhos expulsos de seus países de origem na Europa, a vingança das pequenas cidades iraquianas contra os membros da família do EI.

Empurrados para um esquecimento que torna culpadas também as vítimas.

Abudi, doze anos, distrito de al Tanak, oeste de Mossul, primavera de 2017

Meu pai tinha uma oficina mecânica, de tempos em tempos eu o acompanhava, para ajudá-lo. Um dia, na praça da rua, a caminho da oficina, vi muita gente reunida observando alguma coisa. Integrantes do EI estavam degolando três homens.

Eu me lembro dos arrepios em todo o corpo. Corri até o serviço do meu pai. Disse a ele que tinha medo. Mas não chorei.

Isso acontecia direto, de repente. Enquanto as pessoas trabalhavam, nas oficinas, no comércio, acontecia de gente do EI levar alguém para fora, fazer os outros saírem das lojas vizinhas e matar o sujeito na frente de todos. Outras vezes nos obrigavam a caminhar até chegarmos a al Muwahid ou al Danma para assistir às execuções.

Quando degolavam as pessoas na minha frente, eu só queria ir para casa, mas mesmo quando eu voltava para casa aquela imagem não me abandonava nunca. Pensava e pensava e às vezes sonhava com aqueles homens sem cabeça. Eram pesadelos terríveis, eu acordava gritando aterrorizado. Tinha medo de que pudessem fazer aquilo também com meu pai, com meus irmãos. Comigo.

Eu tentava esquecer, mas acontecia de novo, toda hora. Na frente da mesquita do bairro, ou na coluna onde ficava a barraquinha de frutas.

Então papai me disse para não ir mais à oficina. E para deixá-lo trabalhar sozinho.

Ele me disse: «Fique em casa, com a sua mãe e os seus irmãos».

Antes do EI tínhamos tudo. Eu ia para a escola, papai ganhava bem na oficina e podíamos viver em paz. Abria a loja muito cedo de manhã e às vezes quando não havia escola eu ficava feliz em ajudá--lo. Fazia eu me sentir grande. Ficava feliz quando eu tinha de consertar as motocicletas. Pensava que quando crescesse eu pediria para que ele arranjasse uma boa para mim. Eu tinha brinquedos e um quarto só meu.

Antes da chegada do EI eu estava no quarto ano, o meu professor preferido era o Younes, e eu gostava também do diretor Qusai. Os meus melhores amigos eram Khaled, Muhammad, Ahmad e Youssef. Dividíamos tudo. Os brinquedos, o estudo.

Daí chegou o EI. E na escola as letras do alfabeto passaram a ser usadas como exemplos para dar o nome das armas: P para projétil, H para howitzer.[4] *Com a matemática era a mesma coisa, as adições eram a soma de armas. Pistola + pistola. Bala + bala. Em um dos textos que usavam para nos ensinar matemática estava escrito: «se uma criança explode a si mesma em meio a um grupo de vinte pessoas e morrem quinze, quantas pessoas restam vivas?». E daí nas escolas havia as crianças dos milicianos, os seus filhos, vestidos de soldados como os pais, e armados. Tentavam convencer as outras crianças a jurar fidelidade ao Califa.*

Eu os vi inclusive darem choques elétricos nas pessoas para coagi-las a jurar fidelidade. Não havia escapatória, jurar fidelidade era obrigatório.

Eu vi aquelas crianças, as crianças deles, baterem nos velhos, cuspirem nos velhos, chamá-los de cachorros, de bichos.

Queriam mudar todo o mundo. Por que cortaram a barba? Por que usam as calças tão compridas? Por que não estão rezando? E chicoteavam, puniam, prendiam. E forçavam para que todos fossem às

---

4   Arma de fogo de artilharia, usada sobretudo para disparos dirigidos até os alvos.

orações, à mesquita. *Quem não ia à mesquita corria o risco de ser morto. Vi tudo com os meus olhos. Subiam nos andares mais altos das casas para jogar as pessoas lá de cima.*

Às vezes matavam as mulheres a pedradas.

Certa vez, amarraram o corpo de um homem a um carro e o arrastaram pelas ruas na frente de todos.

Eu vi tudo, eu vi tudo.

As mulheres precisavam cobrir o rosto, usar o niqab[5] *e luvas pretas. Aquelas que não respeitavam as regras eram condenadas a ser chicoteadas na rua.*

Uma vez, minha mãe e eu estávamos indo até a casa de uns parentes e eles nos pararam porque acharam que minha mãe não estava suficientemente coberta, então chegaram as mulheres do grupo al Khansa, a brigada da polícia feminina do EI, *e arrastaram a minha mãe pela rua dizendo que ela seria chicoteada, fizeram os vizinhos saírem de suas casas e os obrigaram a olhar. Chicotearam minha mãe na rua, na frente de todos.*

Mandaram-na sentar no chão e começaram a chicoteá-la nas costas. Se eu estivesse armado, eu as teria matado, sim, eu só pensava que queria matá-las por aquilo que estavam fazendo com a minha mãe.

E eu chorava, olhava a minha mãe enquanto ela era chicoteada nas costas, e chorava.

O EI *é como um fogo que nos queimou. Eles arrasaram nossa vida. Tiraram-nos até a casa. Um dia eles chegaram e nos mandaram sair imediatamente, dizendo que aquela casa, a nossa casa, a partir daquele momento era deles. Por um tempo ficamos hospedados nos vizinhos, que nos ajudavam com um pouco de comida e as suas economias.*

---

5   Na tradição islâmica, vestimenta feminina de cor negra, que cobre todo o corpo e a cabeça, deixando de fora apenas os olhos.

Todos os nossos bens, todos os nossos ganhos, a nossa casa, nós perdemos tudo por culpa deles. No início eles chegavam na oficina de papai e exigiam consertos, diziam que, se papai não trabalhasse para eles, colocariam fogo na loja. Então papai consertava os seus carros e as suas motos.

Depois começou a guerra e um dia eles foram na loja levando explosivos e dizendo que, se ele não trabalhasse preparando os carros--bomba, seria degolado. Papai não queria, não queria. Então aquele dia ele fechou a loja e nunca mais a abriu.

Eu posso descrever o que foi a guerra como uma casa que cai. A nossa vida, a nossa casa, tudo desabou em cima de nós, como os meus pesadelos à noite. Que me caíam na cabeça e não iam embora.

Bombardeavam e bombardeavam. Nós nos abrigamos nos vizinhos e a casa caiu inteira em cima de nós. Ficamos presos entre os escombros durante horas, não sei quantas, só sei que pensei que ia morrer ali. Até que algumas pessoas generosas nos libertaram, ajudaram-nos a sair dos escombros da casa dos vizinhos.

A guerra é a fome. Nos últimos tempos, antes de fugir, comíamos apenas grama. Estávamos cercados pelas bombas e comíamos grama. E até isso era caro. Um quilo de grama custava 10 mil dinares, e nós éramos obrigados a comê-la porque não havia outra comida, não havia nada. O EI havia levado todas as provisões para uma mesquita, para distribuí-las apenas às famílias dos seus apoiadores. Os filhos deles comiam e para nós só havia capim. Meu pai batia a cabeça na parede quando nós chorávamos de fome.

Eu nunca vou perdoá-los. Nem a eles nem aos seus filhos.

O EI usava a gente como escudo humano. Eles nos moviam de lugar. Uma vez nos pegaram, nós e os nossos vizinhos, estavam armados e nos obrigaram a caminhar na frente deles. Outras vezes forçaram os homens a combater, a disparar contra o exército. Quem não atirou foi executado.

Agora preciso trabalhar para ajudar a minha família a seguir em frente.

Devido à guerra, o meu pai ficou inválido, por causa da bomba que o atingiu na casa dos vizinhos. Não pode mais trabalhar. Portanto, não vou à escola, de manhã saio e fico esperando que alguém me dê um trabalho, assim podemos ter algum dinheiro para comer.

Ontem não tínhamos sequer mil dinares para comprar leite para o meu irmão menor, bati na porta dos vizinhos. Tenho vergonha quando bato para pedir dinheiro. Faz três dias que ninguém me dá trabalho, então faz dois dias que não comemos. Vivemos nesta casa, mas não é a nossa casa, nada é nosso. Na verdade não existe nada mesmo, pois não podemos comprar sequer um prato ou um copo. Dividimos a casa com outras duas famílias, dormimos sete em um quarto. O proprietário diz que se não pagarmos o aluguel teremos de ir embora, ele nos joga no meio da rua.

Se o meu pai pudesse trabalhar, eu voltaria à escola. Sinto falta dos meus amigos, da minha turma, tenho saudade das professoras e do diretor e do Youssef e do Muhammad. Muitos dos meus amigos foram mortos. Mas preciso trabalhar, então não penso nisso, penso às vezes de noite quando eu vou dormir. Mas muitas vezes estou cansado e então penso pouco.

Há dois dias os vizinhos aqui de perto prenderam um rapaz e chamaram a polícia, diziam que era um do EI. Os policiais o mataram na nossa frente, foi anteontem à noite. Uma parte de mim ficou feliz porque ele tinha sido morto, mas eu pensava que era como durante a guerra. Que tiram as pessoas de casa e as matam assim. Espero que Deus faça justiça e que, assim como eles mataram, possam ser mortos, tanto eles quanto suas famílias. Meu tio, meu primo, outro tio meu foram mortos junto com suas famílias. Que Deus possa puni-los e fazer com eles aquilo que fizeram conosco. Que sejam amaldiçoados, os adultos e os filhos deles.

Ainda há muitos na região, eu os reconheço, sei quem são os filiados e os seus filhos. Eu os vejo caminhando, eu os vejo de carro. Eu os encontro enquanto saio para buscar trabalho. Eu olho para eles, mas agora são eles que baixam os olhos. Mas não mudaram, quem tem o mal dentro de si não pode mudar. Se ninguém me visse, se tivesse um revólver, eu mesmo os mataria.

ESSE MEDO É O DIABO

Quando, em julho de 2017, o primeiro-ministro iraquiano Haydar al Abadi reúne os representantes das forças armadas na base da Golden Division, na periferia oeste de Mossul, ainda há combates na linha de frente.

É dia 9, o ar queima. O primeiro-ministro, seguido por sua escolta, está nervoso, inquieto diante de um pequeno grupo de soldados que o aplaudem, reunidos ali para a ocasião, e para nós, jornalistas, ele faz uma declaração rápida, formal, pouco convicta. Sentimo-nos testemunhas de uma encenação apressada, em que atores e figurantes representam seus papéis na comédia da conveniência. Mas precisamos das palavras de al Abadi para o noticiário da noite e para os jornais da manhã seguinte, e al Abadi precisa de holofotes para demonstrar ao público que o Estado é sólido e o inimigo finalmente foi derrotado.

«Agradeço a todos pelo esforço e pela energia que fizeram com que a cidade fosse libertada», diz a voz de al Abadi com tímido orgulho; atrás dele alguns soldados agitam grandes bandeiras, os mais jovens estão em pé sobre os carros blindados e entoam o hino nacional, todos tentam uma *selfie* com o primeiro-ministro, a maior evidência da guerra mais midiática dos últimos anos, um instantâneo de participação bélica

Os seguranças de al Abadi dirigem as câmeras e as máquinas fotográficas dos jornalistas: «Venham», «Voltem», «Agora chega. Podem ir». As palavras de al Abadi declaram vitória, mas seu semblante conta outra verdade, mais difícil de dizer. Que erradicar os fiéis de al Baghdadi da segunda cidade do país não significa ter vencido.

O que as palavras de al Abadi não podem admitir, mas que a proxêmica revela de forma mais eloquente, é que a verdadeira guerra pelo Iraque começa no dia seguinte à declarada libertação da cidade. Porque os milicianos do EI, que lutaram em nome do Califado, não aspiram à vitória, não temem a derrota. Os milicianos de al Baghdadi não pensam somente em termos territoriais e geográficos. Pensam de acordo com uma perspectiva temporal e simbólica. Não raciocinam em cima do imediato, mas em termos de chave histórica. E ter perdido Mossul, assim como meses antes haviam perdido Sirte (a capital líbia), assim como perderiam Raqqa (a capital síria), tem para eles um valor transitório. Quem combate em nome do Estado Islâmico combate para as gerações futuras. Os milicianos treinaram os próprios filhos para que fossem a continuação ideal do projeto do Califado. Não temem a morte, educaram as gerações futuras para o martírio, elas deverão ser mais ideologizadas, puras e corajosas do que a atual. Combater em Mossul é só um episódio do grande projeto do Califado.

Enquanto declara vitória na frente das câmeras, al Abadi sabe disso, teme isso. Sabe quando diz: «Vencemos as trevas, a brutalidade, o terrorismo». E teme talvez mais do que as balas que ouve ao longe, os tiros de morteiro, as ruínas e os escombros de metade da cidade a ser reconstruída. A poucas centenas de metros de onde estamos, no momento em que anuncia a vitória, há na cidade velha ainda cerca de quatrocentos milicianos, com suas famílias e um número incerto de civis. Mas os números reais das últimas semanas, principalmente das últimas horas da guerra de Mossul, estão fadados a nunca mais ser esclarecidos. Quando al Abadi deixou Mossul, seguido por uma carreata de veículos militares, as forças iraquianas negaram aos jornalistas o acesso ao front por vários dias. O que se acreditava naquele momento era que o exército e as forças da coalizão quisessem acabar rápido com o jogo, quisessem «limpar o punhado de casas que permanecia nas mãos do EI», era

ESSE MEDO É O DIABO

o que diziam os soldados do front, atentos para não serem pegos, vistos, ouvidos. Limpar, ou seja, bombardear indiscriminadamente. Limpar, ou seja, executar. Não ficou claro o que aconteceu naqueles dias de julho, quantos homens foram presos ou mortos arbitrariamente porque suspeitos de serem apoiadores do Estado Islâmico.

A guerra de Mossul foi dura e sangrenta. Uma carnificina anunciada. O EI teve tempo de transformar a cidade em um labirinto de armadilhas explosivas, homens-bomba e atiradores. O EI sabia que não poderia vencê-la, por isso tornou-a o mais dolorosa possível: a guerra de Mossul foi a guerra dos carros-bomba, o pior dos inimigos, o menos previsível. Você pode tentar se defender, se tiver tempo, apenas correndo. Não servem para nada os kalashnikov. Se os drones não interceptaram e neutralizaram o carro-bomba, as armas são inúteis. A imagem de um carro-bomba é a de uma fumaça branca que se ergue na vertical, assume lentamente a forma de um cogumelo, depois se dissolve. Só é antecipada pelo grito dos soldados: «*Mufakhakhah! Mufakhakhah!*». «Carro-bomba, carro-bomba.» Um som funesto, quem consegue se salvar a tempo corre; quem não se salva morre dilacerado e queimado. Os feridos são transportados, sem braços ou sem pernas, para o hospital de campanha mais próximo. Quem não consegue termina dentro dos sacos pretos, os mesmos do lixo; quem, ao contrário, sobrevive fica amputado ou sem os olhos, ou com os sinais das queimaduras marcando o corpo para sempre.

O carro-bomba é a marca registrada, a arma que torna reconhecível o EI na guerra.

O uso de carros carregados de explosivos não é novidade no Iraque, os anos de derramamento de sangue entre sunitas e xiitas e a insurreição iraquiana dos anos 2000 contra a ocupação americana foram marcados por ataques cotidianos e milhares de vítimas. Na linguagem militar, é o Svbied, que quer dizer «*Suicide Vehicle-Borne*

Improvised Explosive Device»: significa que há alguém no veículo que ativará um detonador e fará voar pelos ares a si mesmo, o veículo e dezenas de pessoas. E por aí vai, em cada esquina, todo dia.

Na guerra de Mossul, os carros-bomba foram a arma mais ameaçadora e ao mesmo tempo a mais simples de fazer. Basta um veículo, qualquer que seja. No início eram carros, também caminhões, depois tratores, veículos militares, todos blindados. Não faltaram veículos ao EI: depois da tomada de Mossul, no verão de 2014, quando os soldados iraquianos se foram, os milicianos se apossaram de bilhões de dólares em equipamentos militares e veículos blindados.

Para fazer o explosivo, basta uma mistura de nitrato de amônio e óleo diesel. No final das contas, uma solução econômica. E, claro, alguém para dirigir o veículo. Mas, soldados prontos para o martírio, há centenas. O carro-bomba é uma arma tão central na guerra do EI que o grupo tinha criado uma brigada especial, o batalhão «Ansari Abu Laith», em homenagem ao ex-*Wali*[6] de Mossul, morto em um bombardeio americano em 2014. O batalhão suicida.

«O carro-bomba é o pavor», disse-me Arkan, soldado de 22 anos que combatia no exército iraquiano. A família de Arkan era originária de Mossul. Quando nos conhecemos, parte dela ainda estava presa na cidade. Arkan não conseguia entrar em contato com os familiares, não sabia se estavam bem, se alguém havia sido sequestrado, punido ou morto, e isso só fazia aumentar a sua sede de vingança e a sua vontade de lutar. A guerra para ele tinha um valor adicional. Arkan, sunita de Mossul, estava libertando a sua cidade e os seus parentes de outros sunitas que a haviam transformado em um inferno. Arkan movia-se com aquela coragem que nos muito jovens torna-se facilmente inconsequência. Para nos

---

6   *Wali* é o governador de província em um país árabe.

ESSE MEDO É O DIABO

escondermos, ele nos levou aos túneis construídos pelo EI, túneis cheios de colchões, livros religiosos, remédios, armas e explosivos. Ele nos fez atravessar campos abertos quando a guerra se dava ainda nos arredores de Mossul e era preciso libertar os vilarejos. Os campos estavam cheios de minas e ele parecia descuidado diante do perigo. Mais do que fatalista, parecia irresponsável.

«Arkan, o que aconteceu com aquele blindado?»

«Uma mina. Bum.»

«Mas quando?»

«Hoje de manhã.»

Por isso que Arkan me deixava nervosa. Eu pensava que ele nos colocava inutilmente em perigo, e, quando se está em guerra, por mais previdente que você possa ser, a bússola à disposição são os guias, os soldados aos quais você se junta, os civis que proveem hospedagem. Depois, um dia, enquanto caminhávamos lado a lado sob o sol, procurando sombra entre os veículos blindados para fumar um cigarro, Arkan me disse: «Sabe qual é a verdade? A verdade é que esta guerra é culpa dos mosulawi.[7] Perdi um irmão morto pelos jihadistas. Mas alguns dos parentes do meu pai se juntaram a eles e os apoiaram por conveniência, e agora por conveniência começaram a fugir, porque estão assustados com os drones e com as bombas, claro. Mas não fogem por convicção, fogem porque o dinheiro acabou. O sonho de al Baghdadi não fracassou, só os ganhos que começaram a diminuir. Não se deixe enganar por quem sai desesperado e choroso, pergunte a eles quanto custavam as verduras nos últimos tempos e em suas palavras você encontrará as respostas que procura. Os mosulawi foram covardes e continuam sendo. Eu me envergonho deles».

7   Moradores de Mossul.

Arkan tinha perdido três rapazes da sua unidade algumas semanas antes do nosso encontro, com um carro-bomba em um armazém militar. Foi isso que ele quis dizer com pavor: «Ouvi uma explosão, o fogo. O cheiro de carne viva queimando, um prédio enegrecido, o carro carbonizado, e o que sobra são chapas de metal e cinzas e fragmentos de corpos. E a partir dos restos do veículo você pode deduzir se a lataria blindada era soldada, se havia tubos nas armações para desviar eventuais tiros. Como se luta em uma guerra em que o inimigo usa carros-bomba? Prevendo a sua ação quando possível. Pode-se tentar retardar o que não se pode parar. Usamos tratores para erguer muros de terra e segurar os carros quando se aproximam. Ou usamos os veículos blindados como barreiras, sacrificamos um veículo nosso para tentar parar o deles. Mas, nos carros-bomba, as balas simplesmente batem e voltam».

Na Líbia, na guerra em Sirte contra o EI, os milicianos chamavam os carros-bomba de «*Dogma*». Os soldados tinham ouvido isso em um dos hinos do grupo, então nas comunicações de rádio davam o alarme gritando «*Dogma! Dogma!*». Quanto mais dramático era o grito dos soldados, mais próximo estava o perigo.

Durante uma das nossas saídas da Líbia, eu havia retornado a Roma antes de Alessio, que tinha ficado em Sirte. Eu esperava a ligação dele, como toda noite.

«Você está bem?»

«Sim, estou.»

«Comeu?»

«Vi um monstro.»

«Que monstro?»

«Eu vi *Dogma*.»

Naquele dia, Alessio estava em uma região residencial de Sirte, atrás de um muro, com um grupo de soldados. Daí chegou o grito, «*Dogma! Dogma!*». E ele também procurou se proteger

ESSE MEDO É O DIABO

junto com os soldados em fuga, com os fuzis na mão, atrás dos muros, correndo, antes que a explosão chegasse: «Eu senti um calor muito grande nas minhas costas, um calor que ficou em mim por horas, uma onda em chamas. Não sei».

«Como é esse medo?»

«Esse medo é o diabo.»

O fato de Alessio ter usado estas duas palavras, *monstro* e *diabo*, me tocou muito. Ele, que é sempre comedido, que nunca põe ênfase nas coisas que diz, que faz seus relatos por subtração e trabalha com a síntese, mais do que com a redundância. O medo para ele foi um monstro, o diabo. Depois me contou sobre um soldado com o olhar perdido no vazio após a explosão e de um corpo estendido com o rosto para baixo em uma maca, morto, uma *shemagh* cobrindo-lhe o rosto, os braços carbonizados. Um outro jovem havia se sacrificado. Mas não era o jovem que dirigia o carro-bomba. Quando o radiotransmissor anunciou «*Dogma!*», um soldado líbio, em um blindado, rumou até o carro-bomba para bloqueá-lo. Morreu ali, para salvar os outros. Ninguém sabe se teve tempo de ter medo antes de morrer.

A última vez que vi Arkan, o jovem soldado de Mossul, foi no início de uma manhã. Perto das seis, esperávamos, como geralmente acontecia, que os soldados nos levassem com eles para o front. Às vezes a espera durava uma noite; às vezes dois dias.

Ele havia acordado fazia pouco tempo, com frio. Ainda usava um cobertor sobre os ombros. Eu me lembro de que no humvee[8]

---

8   Variação a partir da tentativa de pronunciar a sigla HMMWV (em inglês: *High Mobility Multipurpose Wheeled Vehicle* [N. T.]), que significa «Veículo Automóvel Multifunção de Alta Mobilidade». É um veículo militar tático com tração em todas as rodas, capaz de transportar uma ampla variedade de equipamentos militares.

que ele dirigia no dia anterior havia uma flor artificial, de plástico, uma espécie de margarida vermelha. Havia ainda um bonequinho do Mickey Mouse pendurado no vidro. A ideia de tornar familiar e aconchegante o espaço claustrofóbico de um blindado militar me fez rir. Nós nos despedimos, iríamos ao front com os seus companheiros e quando voltássemos partiríamos direto para Erbil e depois para a Itália. «Mande notícias, por favor.» «Claro, mande fotos de vez em quando, Arkan.» «Cuide-se, de você e do menino.» «Você também, tome cuidado. *Stay safe.*» E durante um tempo o jovem Arkan escreveu e mandou fotos. Depois, silêncio. Então as suas contas foram desativadas. Imagino que tenha morrido.

Quando voltei a Mossul, poucas semanas depois, tentei fazer o que ele havia sugerido: «Leia as entrelinhas», havia me explicado. «Não fique satisfeita com a banalidade da narrativa sobre a fúria islâmica. Ela existe, mas não basta para entender». Eu não conseguia ter notícias de Arkan, então eu aplicava aquele conselho como uma homenagem póstuma.

Na estrada para Qayyara havia um checkpoint aonde chegavam os civis em fuga. O céu de Qayyara estava cinza havia meses: era a fumaça dos poços de petróleo incendiados pelo EI para retardar o avanço do exército, antes de, derrotado, se retirar do vilarejo. Aquela não cor tornava o cenário da fuga de Mossul ainda mais apocalíptico.

O primeiro homem que encontrei se chamava Fawsi, tinha 43 anos, mas seu rosto marcado parecia o de um velho. Viveu dois anos e três meses sob o controle do Estado Islâmico em Hood, um vilarejo ao sul de Mossul. Havia caminhado quilômetros antes de chegar ao checkpoint, porque nos comboios militares que transportavam os civis não havia espaço para todos.

«Para mim, o pior dia foi 17 de dezembro de 2015. Poucos meses depois da chegada dos milicianos, as escolas foram fechadas

ESSE MEDO É O DIABO

e os programas escolares modificados, as únicas escolas admitidas eram as islâmicas, algumas haviam sido instaladas nas casas dos milicianos. Educavam os rapazes para a morte. Ensinavam a eles como construir bombas, explicavam que o único modo certo de morrer era sacrificar-se pela causa do Califado. Todas as famílias que conheço tentaram proteger os filhos dessa lavagem cerebral, pois uma criança corrompida tão profundamente no espírito e no coração é uma criança perdida. Um dia, em dezembro passado, cinco meninos tentaram fugir dos milicianos que tinham ido buscá-los em suas casas. Eram obrigados a frequentar as aulas. Foram capturados e mortos: três decapitados e dois enforcados. Seus corpos foram expostos na praça do mercado, e fomos obrigados a assistir a tudo. Todos deviam entender qual seria o destino de quem tentasse se rebelar. No final, jogaram os cadáveres das crianças do prédio mais alto da praça.»

«Por que vocês não se rebelaram antes?», perguntei.

Fawsi ficou em silêncio por alguns minutos, baixou o olhar: «Eu sei. O futuro roubado daquelas cinco crianças não é só culpa do EI. A responsabilidade disso que vivemos também é dos tantos mosulawi que apoiaram e financiaram os homens do Califa desde o primeiro dia. Aliás, desde os dias anteriores, desde os anos anteriores».

No checkpoint de Qayyara, fazia-se uma triagem dos civis, os homens eram separados das mulheres e das crianças, e quem tinha filhos precisava apresentar os seus documentos. O motivo oficial era o de que o serviço de inteligência achava que entre os civis pudessem esconder-se milicianos em fuga. A explicação oficiosa era a de que os homens eram levados para interrogatório em prédios montados como bases militares temporárias. Enquanto eu falava com Fawsi sobre as crianças mortas e os corpos expostos em público, uma picape militar se aproximou do checkpoint, os soldados haviam prendido um suposto miliciano. O nome dele era Ali, pelo que diziam. Estava amarrado, vendado e sentado na parte de trás do veículo com o rosto entre os joelhos. Os generais e os soldados o expunham como um troféu. Segundo a versão que contavam, o jovem, 24 anos, depois de ter cortado a barba para evitar mostrar as marcas típicas de sua filiação ao EI, teria fugido do vilarejo de Baakar infiltrado entre os civis, e alguns deles o teriam denunciado aos soldados, que, depois disso, rapidamente o prenderam.

Um soldado sussurra em seus ouvidos: «Traidor». E acaricia seus cabelos, sorrindo, sarcástico.

«E agora?»

«Agora nós o interrogamos.»

«Onde?»

«Segredo militar.»

O soldado o mantém perto de si. «Agora eu vou mostrar para você», diz, e então a carícia vira um tapa, palma da mão em cheio no rosto. O soldado sobe na picape, que vai para um lugar incerto destinado a interrogatórios, entre a massa de gente em fuga e a fumaça acinzentada dos poços de Qayyara.

Eram somente as primeiras semanas de guerra e já estava claro que a palavra de ordem de todo o conflito e do pós-guerra seria «retaliação». As mulheres separadas dos homens apertavam os filhos contra o peito. Muitas sabiam que seus maridos acabariam presos, pouco importava se eram culpados ou inocentes. Todas temiam que após os interrogatórios eles nunca mais voltassem. Quem seguia adiante estava destinado aos campos de refugiados. Um deles, o campo de al Khazir, fica a leste de Mossul, perto do vilarejo cristão de Bartella. Fatimah conseguiu fugir numa sexta-feira: «Durante a hora da oração, porque era menos provável encontrá-los pelas ruas. Saí de casa certa de que morreria». Tem quase quarenta anos e quatro filhos. Um morreu quando sua casa foi incendiada alguns anos atrás por grupos fundamentalistas já

ESSE MEDO É O DIABO

presentes em Bir Halan, o seu vilarejo. O EI antes do EI, Al-Qaeda no Iraque, Ansar al Islam, pouco importa. O que importa é que as raízes do desfile militar de 2014 estão vivas em Mossul há muito tempo. Ela me diz: «Todos conhecíamos as famílias extremistas ao nosso redor, e, quando chegaram a Bir Halan homens vindos de Tikrit e de toda a região de Anbar, nós os chamávamos, entre nós, de 'turistas maus'. Meu marido trabalhava para a polícia iraquiana, por isso o ameaçavam continuamente. Um dia eles foram até a sua sede, queriam fechá-la e estabelecer ali uma base da polícia islâmica. Ordenaram que ele se levantasse, saísse e não voltasse mais. Meu marido se recusou. Eu, naquele momento, estava no mercado, quando uma vizinha me chamou gritando, dizendo que minha casa estava em chamas. Corri o mais rápido que pude, abrindo espaço entre as chamas para salvar meu filho, mas ele estava morto. Incendiaram a nossa casa em represália ao meu marido».

«Que ano era, Fatimah?»

«2009.»

«Por que você não foi embora depois da morte do seu filho, por que ainda estava em Mossul quando o EI chegou?»

«Embora? E ir para onde?»

As mãos de Fatimah carregam ainda as marcas das cicatrizes daquele dia, seu filho estava morto e os «turistas maus» se tornaram o Estado Islâmico.

Na frente da sua barraca, a três ou quatro metros de distância, havia um homem idoso, Shaker Khalifa, que chegara ao campo com a mulher e o filho adolescente. Shaker Khalifa tinha fugido de Tob Zawa, já tinha sido interrogado, posto novamente em liberdade, e os serviços de inteligência lhe haviam dito para não deixar o campo, pois voltariam. Estava sentado do lado de fora da sua barraca azul, rodeado de outros chefes de família do vilarejo. Tinha um olhar de quem devia ter sido muito respeitado, o jeito peremptório de quem já experimentou alguma forma de poder. Shaker tinha ouvido as palavras de Fatimah: «No início, o EI prometeu uma vida melhor. Sustentavam os nossos jovens com um salário mensal de aproximadamente 100 mil dinares». Shaker era abastado, tinha uma fazenda no vilarejo e todo mês transferia — *voluntariamente*, fazia questão de ressaltar — 10% dos seus ganhos às mãos do EI, para sustentá-lo. Ele descreve uma vida de respeito ao verdadeiro Islã, com uma inicial e aparente estabilidade: «Eles distribuíram a todos os mosulawi os bens que haviam pegado dos cristãos e da polícia iraquiana. Eu pensava: se nos comportarmos bem, se não violarmos as leis, com uma conduta morigerada, viveremos bem. Além disso, eles não poderiam nos tratar pior do que o governo de al Maliki».

Mas daí as coisas mudaram, o Estado Islâmico aumentou os impostos, reduziu os salários, e o consenso começou a diminuir. Como disse Arkan, o preço das verduras tinha aumentado e o consenso diminuído. E, quanto mais o consenso diminuía, mais as punições recrudesciam.

Um menino de quatro anos parou em frente à objetiva da câmera fotográfica, antes de deixarmos o campo. Outras crianças atrás dele gritavam «EI, EI, mostra o que é o EI». O menino levou o dedo indicador até a garganta, imitando uma decapitação, e riu.

Na manhã de 19 de maio de 2017, a revista semanal alemã *Der Spiegel* publicou uma reportagem com a manchete: «Não heróis, mas monstros!». As imagens do fotógrafo curdo iraquiano Ali Arkady contavam a guerra oculta de Mossul: não a guerra dos libertadores, mas a guerra dos torturadores. Desde o início da ofensiva, Arkady havia seguido os combates *embeded* na ERD, a Emergency Response Division do Ministério do Interior do Iraque, soldados treinados pelos americanos.

ESSE MEDO É O DIABO

«Eles tinham dito que matariam, mas eu achava que estivessem só brincando», escreveu. No início da batalha, Arkady, graças à confiança que soube conquistar entre os generais iraquianos já desde 2014, acompanhou por algumas semanas o capitão Omar Nazar, um sunita, e o sargento Haider Ali, um xiita. Ele filmou e fotografou o quanto pôde e foi embora, deixando o país com toda a família, pois ficar no Iraque seria perigoso demais para todos. Em uma das fotos, é possível ver um homem de meia-idade, com as mãos e os pés amarrados por uma corda, pendurado no teto. O homem usa uma espécie de macacão branco, e branco também é o lenço que venda seus olhos. Na foto seguinte, o mesmo lenço está amarrado ao redor da boca, o terror no olhar. O homem, Mehdi Mahmoud, era suspeito de ter relações com o EI. Depois foi a vez do seu filho Ahmed. Foram libertados após dias de tortura. Um equívoco? Um erro? Uma acusação falsa? Duas semanas depois, pai e filho foram presos de novo, nas redondezas de Hamam al Alil, vilarejo ao sul de Mossul, e mortos.[9]

Era de manhã cedo quando vimos as fotos e os vídeos de Arkady. Estávamos bebendo um café no hotel Fareeq, em Ankawa, bairro cristão de Erbil, à espera de partirmos outra vez em direção a Mossul.

«Vai pra frente, volta. Espera, deixa eu ver de novo esse vídeo.»

---

9 «Eu estava lá», escreveu Arkady no artigo de *Der Spiegel*, «quando, durante a noite, alguns homens foram presos, incluindo Ra'ad Hindiya, o guarda e o limpador da mesquita do vilarejo. Ele foi acusado de ser apoiador do EI. No início, ele só foi levado por algumas horas para ser interrogado, mas então o capitão Al-Duri me disse que Hindiya tinha sido preso novamente alguns dias depois e daí morto. [...] Na mesma noite, foi preso um jovem chamado Rashid. Era inocente, e até os investigadores iraquianos do exército admitiram que era, mas seu irmão mais velho tinha se unido ao EI. Esse foi o infortúnio de Rashid. Morreu sob tortura após três dias, e eu vi seu corpo no departamento de inteligência» (<https://magazin.spiegel.de/SP/2017/21/151254648/index.html>).

«É Sufian. O comandante Sufian.»

Em um dos vídeos gravados por Arkady, reconhecemos Sufian, o comandante da ERD: ele havia sido visto poucos dias antes no novo quartel-general, um prédio em uma zona residencial, que devia pertencer a uma família certamente abastada. Três andares, o segundo e o terceiro tinham uma pequena sacada que dava para a praça em frente. As sacadas eram de mármore, assim como as colunas em torno da porta principal. Rodi bateu, tinha estabelecido uma boa relação com a unidade. Sufian tinha 27 anos, muito jovem para o grau de responsabilidade que assumia, e era muito respeitado. Alto, olhos escuros, sorriso benevolente. Ele se assegurava de que nos haviam oferecido um chá, e outro e mais outro, e depois perguntava se tínhamos comido, se precisávamos de um lugar para passar a noite.

Os dias do fim de maio foram de trégua, a unidade de Sufian descansava, à espera de uma nova ofensiva a oeste de Mossul. Alguns soldados dormiam nas camas de campanha no térreo, outros limpavam as armas, Sufian olhava distraído um filme na televisão. Em volta dele havia três celulares. Ele nos contou o quanto era difícil a segunda parte da ofensiva, aquela na zona oeste da cidade, comparada à libertação da zona leste. Que na semana anterior um carro-bomba havia explodido perto do quartel-general e a explosão fora tão forte que tinha destruído uma casa e danificado outras quatro. Havia perdido seis dos seus melhores homens, um de apenas vinte anos. «Mas eu não quero que os outros chorem quando perdemos alguém», explicava. «Quem fica não pode se permitir abater o moral dos outros.» Ele falava da guerra travada entre os civis, a guerra urbana, como uma guerra traiçoeira: «Você entra em uma casa, encontra-a cheia de gente escondida, pega um por acaso, que lhe pareça confiável, faz com que ele dê a você indicações sobre onde os atiradores podem estar, segue as indicações, encontra os atiradores e naquele momento

ESSE MEDO É O DIABO

você se pergunta: como ele conhece tantos detalhes? Será que é um deles? Precisamos prendê-lo.»

Ele nos falou de uma senhora idosa, deficiente — resgatada em uma das casas e acomodada no chão pelos seus homens —, que tinha sobrevivido bebendo o próprio xixi. Seus homens a envolveram com um cobertor e a levaram até o hospital de campanha, a pé.

«É uma guerra difícil», dizia Sufian, «uma guerra cansativa.» «Não precisa só libertar, precisa limpar», insistia, descrevendo a guerra casa por casa, onde os milicianos do EI, para escapar, haviam obrigado os civis a cavar túneis ou passagens entre as paredes das construções. «Precisa limpar e desativar as minas, há bombas por toda parte, basta um passo em falso e você voa pelos ares. É uma guerra feita assim.»

Sufian falava da guerra e citava as estratégias como quem sabe que a vitória está próxima, ainda que a custos altíssimos. Há ajuda americana, claro, conselheiros militares, cobertura aérea, drones de alta tecnologia, mísseis antipessoal de última geração, mas, «se o inimigo usa os civis para se defender, é muito difícil», dizia.

E existem ainda as bombas. Como em Falluja, em Ramadi, em Tikrit, é sempre a mesma história. Sufian afirmava que no interior das casas havia ainda 200 mil pessoas, que era difícil estabelecer quantos eram os milicianos em relação aos cerca de 6 mil estimados no início do conflito, mas então como fazer para saber quem é do EI e quem não é?

Sim. Como fazer?

«O que você acha dos abusos que os civis em fuga denunciam, Sufian? As prisões arbitrárias, os homens desaparecidos subitamente, as deportações das famílias dos milicianos?», perguntamos a ele. O olhar benevolente de Sufian desapareceu de repente. Bebemos mais um chá, a conversa se tornou silêncio. Aí nos despedimos.

Eu me lembro de que naquele dia, dirigindo depois do encontro com Sufian, comentamos entre nós que ele havia sido hospitaleiro como sempre. Generoso, hospitaleiro e ambíguo. Não o revimos, a não ser no vídeo das torturas. O que ele pensava sobre os abusos estava claro.

Na estrada que saía de Mossul, havia um grupo de mulheres, dezenas de mulheres de preto. Mulheres sozinhas, que retornavam às suas casas nos bairros já libertados, pois é melhor uma casa destruída do que uma barraca compartilhada num campo de refugiados no meio do nada. Gritavam aglomeradas na entrada de uma garagem, à espera de uma distribuição de comida. Esperavam debaixo do sol fazia horas, elas nos disseram, empurrando a porta do armazém mantido pelos militares. Os soldados gritavam, mandando-as se calarem, mas o calor e a fome são difíceis de administrar. E em grupo a raiva se nutre. Uma delas, com o rosto coberto pelo *niqab*, mostrava os documentos de identidade de seu marido: «faz um mês que os soldados do exército o prenderam, vieram prendê-lo em casa e não me devolveram mais, diziam que era membro do EI, mas era um homem bom. Não sei quem foi o delator, mas ele não fez nada. Derrubaram a porta, aí dois seguraram a cabeça dele, meteram um capuz e o encheram de chutes. Disseram que eu era uma puta traidora, que sabem onde eu moro e podiam me pegar também, a qualquer momento».

Enquanto gritava, a filha menor se escondia na negrura do seu vestido. O soldado fechou a porta do armazém com dois cadeados, tentando afastar as mulheres, ameaçando-as com o cano do fuzil. A ajuda alimentar não chegaria. «Vão para casa», ele disse. As mulheres não paravam de gritar. Então ele atirou para cima, os gritos se tornaram um rumor de fundo cada vez mais baixo e o grupo se dispersou.

Há sempre um momento na guerra em que você escuta uma verdade menos amedrontada. Uma mulher, que é mais corajosa do que as outras ou que simplesmente sente que tem menos a perder, aproxima-se e diz: «meu marido foi levado injustamente, agora vão torturá-lo porque alguém mentiu. Porque alguém o acusou de ser filiado. Estão prendendo dezenas de homens, toda noite. Linhagens de famílias inteiras, pais, filhos, netos, estão sendo perdidas. E ninguém fala, ninguém denuncia, por medo de outras punições».

Existe um momento em que você percebe que em nenhuma guerra pode haver justiça, que aquela guerra, a guerra contra o EI, já tinha virado outra coisa, o prelúdio da próxima guerra civil, sunitas contra outros sunitas, milícias xiitas querendo promover uma limpeza, mas também árabes contra curdos. E depois a partilha dos despojos.

E virou também a guerra do Ocidente, que não quer de volta os seus *foreign fighters*, isto é, quer que sejam mortos mas não quer manchar as mãos de sangue. No meio disso tudo, os civis vivem um conflito diante do fato de que a diferença entre eles e os combatentes desapareceu rapidamente: consideramos todos combatentes, afinal como distinguir os milicianos propriamente ditos das famílias que os apoiaram?

Mossul carregará para sempre o pecado original de ter dado boas-vindas ao desfile de bandeiras negras em 2014, um álibi exemplar para justificar a ausência de compaixão.

Dois dias antes do fim da guerra, o general Fadel Barwary, da Golden Division — as forças especiais do exército iraquiano —, disse-me claramente: «Para nós, quem quer que tenha permanecido em Mossul até agora é cúmplice e merece a morte, homens ou mulheres, não importa». De seu tablet, ele mostrava as imagens de mulheres em batalha, mulheres combatentes, mulheres armadas de kalashnikov ao lado de seus homens durante as últimas horas do Califado iraquiano. Eram as provas que confirmavam sua estratégia: «Essas mulheres estão combatendo com seus filhos, sem hesitar. São treinadas como os homens. Tentaremos salvar algumas crianças, claro, algumas delas são de todo modo filhas do Iraque, mas quem ficou é conivente e agiremos de acordo». Ou seja, bombardearemos. Aliás, melhor: mostraremos aos aliados onde bombardear e eles cuidarão disso.

O general Barwary se referia às centenas de pessoas presas na cidade velha nos últimos dias da guerra e repetia: quem ficou lá é cúmplice e vai morrer.

Maridos arrancados de casa, encapuzados, diante dos olhos das mulheres e dos filhos, prisioneiros com mãos e pés amarrados e pendurados no teto com cabos elétricos em volta do pescoço. Imagens e relatos que pareciam saídos de Guantánamo, Abu Ghraib, Camp Bucca. Três capítulos vergonhosos, perpetrados pelo Ocidente exportador de democracia, que alimentaram o ódio contra os infiéis, fomentaram a propaganda do exército jihadista e aumentaram as fileiras de líderes do EI, radicalizados na prisão e que recrutavam nas celas.

Hoje não há menos torturas do que antes, mas os detentos já não usam uniformes laranja (no caso de Guantánamo) e amarelos (no caso de Camp Bucca) e as manchetes dos jornais em casos de abuso são mais mornas, se não inexistentes, um sinal de que o Ocidente aprendeu parte da lição. Os governos aliados dão os uniformes, o treinamento e o dinheiro. Mas as mãos dos torturadores devem ser dos exércitos locais ou das milícias, dos grupos paramilitares, não importa. Os ocidentais fazem o papel de atores secundários, coadjuvantes, ou marionetistas.

ESSE MEDO É O DIABO

Segundo alguns oficiais iraquianos consultados pelo *Wall Street Journal*, durante a guerra de Mossul as forças especiais francesas teriam fornecido às tropas antiterrorismo iraquianas nomes e fotos de cerca de trinta homens identificados como alvos de alto valor. Os franceses teriam comunicado a localização de seus *foreign fighters* e as forças de terra iraquianas os abatiam. O mesmo teria feito a Grã-Bretanha, enviando os soldados da SAS (*Special Air Service One* do exército, isto é, as unidades antiterrorismo) com uma lista de duzentos jihadistas, cidadãos britânicos, a serem mortos antes que tentassem voltar para casa. A ordem era: em casa não os queremos de volta, custe o que custar.[10]

Foi assim em Sirte — setecentos rapazes líbios mortos em sete meses de guerra, 3 mil feridos e uma estratégia: não faremos prisioneiros. O que equivale a dizer «mataremos todos». Os bombardeios americanos foram mais de quinhentos em Sirte. A tomada da cidade, primeira capital do Estado Islâmico a cair, praticamente não virou notícia. Afinal eram fanáticos assassinos, que importância tem se para derrotá-los foi preciso matar todos, mulheres e filhos incluídos? Que importância tem se prisioneiros desarmados foram mortos? O importante era não ter perdas em casa, funerais de Estado e viúvas em lágrimas em cima de caixões rodeados por bandeiras e recebidos pelas instituições com rostos contritos nos aeroportos militares a justificar aqueles mortos dizendo que sim, é muito duro, mas é necessário combater o terrorismo e assim por diante, no desfile retórico do heroísmo.

Quando é que paramos de nos envergonhar? Foi depois de Abu Ghraib? Depois das imagens dos soldados americanos

---

10 <https://www.wsj.com/articles/frances-special-forces-hunt-french-militants--fighting-for-islamic-state-1496090116>.

fotografados rindo enquanto posavam ao lado de uma pirâmide de prisioneiros seminus e encapuzados, ajoelhados uns sobre os outros? Ou diante da imagem de um cão faminto lançado contra um detento de macacão laranja, sentado no chão com a cabeça raspada e as mãos amarradas atrás das costas? Ou esgotamos a cota de vergonha na frente de um outro prisioneiro, em pé sobre uma caixa, capuz preto na cabeça e os braços esticados paralelos ao solo como um cristo na cruz, mas sem cruz, com cabos elétricos e à sua direita um soldado, americano, que observa distraidamente fotos recém-tiradas? Ou consumimos o estoque de respeito e pudor depois da imagem de Lynndie England, soldada de 21 anos do 372º batalhão de polícia militar estadunidense em um corredor do Braço A1 de Abu Ghraib, que arrasta um iraquiano completamente nu em uma coleira feita com um cinto amarrado no pescoço, como um cão, pior do que um cão, observando-o com austera satisfação? Após o escândalo, Lynndie foi condenada a seis meses de prisão; diz-se abertamente «jamais arrependida» pelo que tinha feito, pois «tudo isso não era nada em comparação àquilo que os iraquianos haviam feito a eles».

Era 2004. Havia se passado um ano desde o início da ocupação americana. O mundo, que já tinha ido às ruas para se manifestar contra a intervenção, estava unido em um coro de indignação. Torturas, abusos, estupros: testemunhos, registros militares enchiam as páginas dos jornais. As investigações constataram a existência de uma cadeia de comando que envolvia as mais altas esferas de poder; no entanto, os líderes militares estadunidenses e o presidente Bush tentavam, desastradamente, abafar o caso falando sobre maçãs podres, sobre abusos isolados, em vez de assumir a responsabilidade por técnicas que tinham virado método, estratégia de interrogatório, prática militar.

ESSE MEDO É O DIABO

Lembro-me das manchetes dos jornais da época: *Torturas em Abu Ghraib. O pesadelo de Abu Ghraib. Torturados, abusados e humilhados, as chocantes imagens de Abu Ghraib.* O *Economist* pedia a demissão do então secretário da defesa Donald Rumsfeld, o *Der Spiegel* anunciava: *Abu Ghraib, a vergonha americana*; na capa da *Time* havia um homem, um prisioneiro encapuzado sem camisa, e a manchete: *Como chegamos a isso?*.

O que aconteceu depois de Abu Ghraib? Passaram-se quase quinze anos desde então e hoje, diante das imagens das prisões indiscriminadas de cidadãos iraquianos, diante dos relatos sobre as deportações em massa das famílias dos milicianos do EI, diante das notícias sobre as condições desumanas dos presos ao redor de Mossul e em Bagdá, não há nenhuma indignação nem repúdio coletivo.

Sabrina Harman, soldada torturadora de Abu Ghraib, era uma ex-pizzaiola de Lorton antes de partir aos 23 anos para a guerra do Iraque. Loira, com mechas nos cachos da frente, foi ela quem ligou os cabos elétricos no esfarrapado detento em pé sobre a caixa como um cristo na cruz. Charles Graner, bigode, de óculos, até bem gordinho, estudava na universidade de Pittsburgh, um casamento, dois filhos, depois os fuzileiros navais e a Guerra do Golfo: ele se torna agente penitenciário na Pensilvânia, onde há 90% de guardas brancos e 70% de detentos negros, e é acusado de espancar os prisioneiros e abusar deles. Chega a guerra do Iraque, a prisão de Abu Ghraib, e é Graner quem posa sobre o corpo de um prisioneiro com o polegar levantado e um sorriso satisfeito. Ainda é Graner quem está sentado sobre um grupo de outros detentos, uns sobre os outros, também encapuzados, na frente das grades da cela. Lynndie England cresceu com o pai ferroviário Kenneth e a mãe Terrie em um trailer na Virgínia Ocidental, caixa de um supermercado, um casamento fracassado aos dezenove anos e depois o exército. O Iraque, Abu Ghraib, e é ela quem finge atirar com uma metralhadora entre as pernas de um prisioneiro, enfileirado com outros detentos nus obrigados a se masturbarem na frente dela.

Quando olhamos para os torturadores de ontem, vemos a nós mesmos, o que nos irritava naqueles jovens ex-pizzaiolos, ex-caixas, ex-agentes penitenciários, eram os traços de um mundo que é o nosso. Próximo, perto demais para não nos perguntarmos o que seríamos capazes de aceitar em uma guerra feita em nosso nome. Talvez as fotos de Abu Ghraib tenham sido a semente de um processo mais profundo, que levou a considerar a vingança necessária, admirável, legítima, justa, mas sobretudo inevitável.

Por isso, olhando as fotos de Abu Ghraib, não nos perguntamos quem estava dentro daqueles sacos pretos, daqueles farrapos ou dos capuzes, do que eram acusados os prisioneiros obrigados a se masturbarem na frente dos soldados, nus no corredor, ameaçados por cães ou por cabos elétricos. Não. Estamos preocupados somente com uma desumanidade perpetrada em nome da nossa segurança. Porque, se deve haver guerra ao terror, não podemos aceitar a cumplicidade e a corresponsabilidade pela desumanização e mortificação dos prisioneiros. Aqueles soldados americanos nos colocaram diante de uma desumanidade, claro, a nossa. Fizeram-nos perguntar o que somos capazes de tolerar para nos sentirmos protegidos, defendidos. E mais: vingados.

Hoje somos capazes de tolerar a tortura, mas apenas se não for cometida por um genérico «nós». Que se consume, mas sem ser vista. Que os torturadores vinguem a sociedade ocidental ameaçada pelos fundamentalistas, mas sem a pompa do vencedor, sem ostentação. Enfim, sem evidências. Melhor que os algozes não se assemelhem a nós, que não tenham estudado nas mesmas escolas dos nossos irmãos, que não tenham nosso corte de cabelo, que não frequentem as mesmas praias em agosto, melhor que não tenham feito os mesmos trabalhos mal pagos que fazem os

ESSE MEDO É O DIABO

jovens nas periferias do Ocidente. Melhor que a tortura não seja sistematizada por aqueles que faziam parte do que Bush definiu como a «coalizão dos dispostos». Que seja uma vingança terceirizada.[11] As despesas com o treinamento militar dos soldados iraquianos estão estimadas em 25 bilhões de dólares. Soldados treinados também nas prisões, também dentro de Camp Bucca, onde os cadetes iraquianos frequentavam um curso para guardas carcerários administrado pelo exército estadunidense. Assim, durante os anos da ocupação, dentro de Camp Bucca cresceram duas

11 Em 2013, o chefe estadunidense da agência governamental de vigilância para a reconstrução do Iraque — Stuart Bowen — assinou um relatório de 181 páginas, intitulado significativamente *Learning from Iraq* («Aprendendo com o Iraque»). Dez anos haviam se passado desde 2003, o início da ocupação, e dois anos desde a retirada das tropas americanas, e Bowen estava tirando conclusões, não apenas metaforicamente. Bowen é diligente, indica números e elenca o desperdício na transferência pesada de dinheiro para a reconstrução (evidentemente fracassada) do Estado iraquiano. Mais de 60 bilhões de dólares. Quando Bowen publica o relatório, o exército americano tinha perdido 4.500 soldados, as vítimas civis somam aproximadamente 80 mil. Bowen é implacável e severo com a gestão do dinheiro e com as ações de Obama, responsável, segundo ele, por ter desperdiçado dinheiro e vidas sem de fato concluir um acordo para uma presença militar no Iraque depois de 2011. Bowen escreve que sua tarefa era responder a uma simples pergunta: «O que aconteceu com os bilhões de dólares americanos destinados à suposta reconstrução do país?». As respostas são: desperdício, corrupção, infraestrutura inacabada. Um dos incidentes mais significativos que descreve é a transferência de 10 bilhões de dólares em notas de cem, embaladas em maços e embarcadas em aviões cargueiros em Nova York com destino ao Iraque. Eram meses entre 2003 e 2004 e o dinheiro deveria ser destinado a várias agências locais, mas ninguém sabe ao certo o que aconteceu com todo aquele montante que em grande parte se perdeu. Serviu para subornar os insurgentes para que não atacassem os soldados americanos? Foi roubado por líderes iraquianos corruptos? Usado para apoiar populações locais em torno das bases militares? E para fazer o quê? Pagar por armas? Líderes locais? E quem esses líderes locais se tornaram ao longo dos anos?

gerações do futuro Iraque, patrocinadas por quem queria exportar a democracia: os novos soldados, a quem o Ocidente estava delegando responsabilidades e métodos, e os novos jihadistas, tanto aqueles que entravam na prisão já radicalizados quanto os inocentes e recrutados pelos milicianos em condições arbitrárias de detenção.

E quem é hoje Sufian, neste mundo de fantoches? É o ator principal de uma libertação ou apenas um mísero comparsa de uma encenação barata, a nossa?

Quão semelhante a nós é Sufian, e quão diferente?

Passaram-se quinze anos desde a ocupação e hoje os americanos ainda estão no Iraque, estão na Líbia, estão na Síria. Sustentam, organizam, controlam estratégias e resultados. Mas sem a ênfase do vencedor ocupante. Isso fica a cargo dos locais. Em Mossul, os aviões americanos estavam constantemente sobre a cidade, esperavam as instruções para explodir os alvos sugeridos em terra, os soldados iraquianos sinalizavam, as bombas destruíam em poucos segundos os tetos das casas onde estavam os atiradores, os carros-bomba, ou as pontes; ou pior, edifícios inteiros, talvez cheios de civis.

Existe uma regra no front, uma das tantas regras não escritas que é preciso respeitar para conviver com os soldados. Não se deve mostrar o corpo dos soldados feridos e mortos. Não é tanto pelo respeito à morte, é que tornar públicos os que tombaram no exército seria uma prova de fraqueza. É a parte da guerra que não pode ser mostrada, uma regra que é necessário respeitar com rigor para não ser expulso do front, dos hospitais de campanha.

As imagens dos corpos dos soldados trucidados permanecem na minha memória, assim como as imagens dos companheiros em lágrimas. As ambulâncias que chegam em grupos de três ou quatro,

ESSE MEDO É O DIABO

os motoristas que correm para abrir as portas, e quando não há ambulâncias suficientes mandam os blindados. Quando chegam muitos veículos, todos juntos, sabe-se que foi um carro-bomba. Os corpos que chegam já estão sem pernas, os soldados vomitam ao lado de outros soldados feridos porque não suportam a agonia de ver os próprios companheiros morrerem, sabendo que poderiam ter sido eles próprios naquela maca suja, em meio à poeira. «Está morto?» «Sim, está morto.» «Tire as botas», porque as botas ficam, nunca se sabe. «Pega o saco e o marcador. Escreve o nome, fecha o saco, espera os outros corpos, leva-os embora.» Nas guerras atuais, as guerras dos drones, veem-se cada vez menos corpos de soldados, cada vez menos corpos desfigurados, feridos, mortos.

Os corpos torturados de Abu Ghraib nos restituíram a imagem brutal de uma fisicalidade submissa, humilhada, aviltada. De que éramos responsáveis.

Penso nas palavras de Sartre, na introdução que ele escreveu para o livro *La Question*, de Henry Alleg, editor do jornal de oposição *Alger Républicain* e ferrenho apoiador da luta de libertação anticolonialista. Era 1958, em plena Guerra da Argélia. Em 12 de junho de 1957, Alleg é preso pela 10ª divisão de paraquedistas e é torturado no campo de triagem de El-Bar. Mas consegue fazer chegar à França a sua história, as memórias de sua prisão, *La Question*, precisamente. Escreve Sartre: «hoje sabemos que não há nada para compreender; tudo se deu de forma insensível, com descasos imperceptíveis; quando erguemos a cabeça, vemos no espelho um rosto desconhecido, odioso: o nosso. Aterrorizados pelo espanto, os franceses descobrem esta evidência terrível: se nada vale para proteger uma nação contra si mesma — nem o seu passado, nem as suas lealdades, nem as suas próprias leis —, se bastam quinze anos para transformar as vítimas em carrascos, então o que decide é a ocasião; basta a ocasião para transformar a vítima em algoz: qualquer homem, a qualquer momento».

Quem são os carrascos? Quem é o outro que queremos eliminar? E a nossa responsabilidade quando fomos colocados em condições de ver e saber? Nesse «depois» já não há como nos sentirmos alheios, somos cúmplices de um crime cometido em nosso nome.

Quando é que paramos de tentar impedir os delitos cometidos em nosso nome?

Quando é que paramos de falar?

Talvez tenhamos parado de falar porque os torturadores que nós pagamos já não se parecem conosco.

Mustafá, treze anos, oeste de Mossul, primavera de 2017

Eu tenho três irmãs e nove irmãos. Na verdade oito, um foi morto pelo EI. Era barbeiro. Um dia entraram em casa e disseram a ele que precisava jurar fidelidade e combater o exército iraquiano, que era composto de apóstatas e rawafed. Caso contrário, seria morto. Ele se recusou e o levaram embora. Circulavam muitos rumores, diziam que estava preso, e nosso pai estava disposto a pagar por informações. Papai dizia: «Eu tenho um dinheiro guardado, digam-me com quem devo falar, mas me deem notícias de meu filho».

Um dia o pessoal do EI bateu na nossa porta e nos levou para a Baghdad Road. Havia um galpão e de lá fizeram sair muitos homens, não sei dizer quantos, mas muitos. O meu irmão também estava lá. E ele foi cravejado de balas.

Eles nos levaram para assistir à execução do meu irmão, eu, meu pai, minha mãe, todos lá. E o meu irmão estendido no chão com o corpo cheio de balas.

Antes do EI eu não tinha medo de nada.

Agora tenho medo de tudo. Tenho medo de que as pessoas morram como o meu irmão morreu.

Quantas almas se perderam por culpa do EI? Eu acho que muitas, muitas almas.

Antes deles eu estava bem, era uma criança feliz, ninguém nos fazia mal.

Nós íamos para a escola, brincávamos com as outras crianças. Depois, de repente, tudo se acabou.

Eu me lembro de que, assim que eles entraram na cidade — os integrantes do EI —, *eles foram até o orfanato, do outro lado do rio, pegaram todos os órfãos, alistaram todas as crianças, os meninos. O pessoal dizia que os usavam para fazer atentados, inclusive com cintos explosivos. Como eram órfãos, ninguém se importava com eles. Só que depois começaram a recrutar os outros, até aqueles que tinham família. Um ou outro menino tentava se rebelar, recusava-se a jurar fidelidade. Então os milicianos ameaçavam matar os seus pais. Diziam bem isso para convencê-lo. Se não jurar, nós matamos o teu pai. E os pais que se opunham ao juramento dos filhos eram executados. E aí eu sei de uma coisa, uma coisa terrível. Às vezes obrigavam os meninos que queriam se filiar a matarem os pais que se opunham. Mas eu sei que aqueles pais se rebelavam porque queriam proteger os filhos. Quantas almas se perderam? Muitas.*

Quando a guerra começou, as pessoas tinham fome. E, quando alguém era obrigado a roubar, eles, os integrantes do EI, *não perguntavam: por que rouba? Não. Eles simplesmente o puniam, decepando-lhe a mão.*

Primeiro eles deixam as pessoas com fome e depois... Mas eles, eles não, eles eram reis, tinham tudo o que você pode imaginar. Mas não deixavam as pessoas comerem. Quem não era filiado podia morrer de fome.

Não deixavam nada para a gente, eles comiam a carne e para os outros era grama, capim.

Muitas famílias morreram bombardeadas. Os aviões jogavam bombas sobre as casas porque havia atiradores posicionados em cima dos telhados. Mas as casas vinham abaixo com famílias inteiras dentro. O atirador subia no teto para atingir o exército e então chegavam os aviões e o atingiam, mas matavam também todas as famílias obrigadas a ficar na casa.

Eu brincava com Ali e Yousef, gostava muito dos dois. Tiveram azar, um atirador escolheu a casa deles para subir e não os deixava sair. Uma bomba atingiu a casa e todos morreram.

A casa deles ficava perto da nossa, e dentro, naquele dia, estavam também Ali, Muhammad, Tarek e o irmão dele. Os atiradores sempre diziam para não ter medo, pois os infiéis mereciam tudo aquilo. Mas, no final das contas, eles morreram. Morreram todos queimados.

Toda vez que penso nisso eu tenho medo. Ainda tenho amigos, amigos que não morreram. Mas tenho medo.

Agora que estamos livres do EI, queremos água, eletricidade, viver em segurança sem o medo de que eles voltem a nos assustar, a nos torturar.

A escola al Quds foi destruída, de lá disparavam tiros de artilharia, diziam que de lá miravam os infiéis. Agora a escola não tem água nem eletricidade, para falar a verdade não tem nem os livros e na sala somos sessenta, às vezes mais.

E para ser sincero eu não me lembro mais como se lê e como se escreve. Mas eu quero virar um médico, um médico, sim. E curar todos aqueles que sofreram em Mossul.

RECONQUISTAR OU PUNIR?

«Sempre existiram bandidos em Mossul, é a história desta cidade. Desde a ocupação, antes da ocupação, desde os anos 1990. Depois de 2003, os bandidos começaram a se chamar jihadistas, os soldados da guerra santa, diziam. Al-Qaeda no Iraque, Jaesh al Mujahideen, Ansar al Islam, e depois o EI, e depois o EI. E então virão os de amanhã, sempre a mesma história. Existe uma tradição de siglas que nasce e que morre na região de Anbar, bandidos os pais, bandidos os filhos e os filhos dos seus filhos.»

Quando você encontra um soldado que tem alguma questão mal resolvida com Mossul, você se dá conta disso porque nas palavras dele não há apenas a satisfação de quem está libertando a cidade do opressor, mas também a necessidade de um acerto de contas pessoal.

Yassin tem 25 anos; sua irmã mais velha é casada com um homem de Sirwan, um distrito perto da fronteira com o Irã. Depois do casamento, os dois se mudaram para Mossul. No momento em que conversávamos, uma noite, comendo arroz com cebolas chalotas e feijão em uma panela compartilhada, sua irmã ainda estava em Mossul. Ou pelo menos assim ele supunha, porque não tinha mais notícias dela havia muito tempo. Yassin tinha conseguido conversar apenas por alguns meses depois da entrada do EI, graças a um telefone que a irmã havia escondido em um buraco do piso. Sem bateria, era mais difícil que alguém rastreasse o sinal. Depois, mais nada.

A família de seu marido havia apoiado Ansar al Islam desde quando a organização havia sido fundada, eles tinham sido ativos protagonistas nas insurreições contra os americanos. Dizia-se,

Yassin havia me contado, que os familiares do homem estavam entre os organizadores do ataque espúrio durante as celebrações do Eid dos dois partidos curdos, o PUK e o KDP, em Erbil, no ano de 2004. Yassin era o mais novo de uma família numerosa: muitas coisas se moviam em torno dele sem que entendesse exatamente os seus contornos.

«Em 2003 eu tinha dez anos, só me lembro de muita violência e medo. Da raiva contra o invasor e dos grupos armados que combatiam em nome de Alá e da resistência. Havia bairros em Mossul onde os americanos tinham medo de entrar, como al Tanak. Os blindados americanos passavam longe daquelas áreas, mas era justamente lá que estavam crescendo as futuras gerações de jihadistas.

«Não tenho medo; quando entrei no exército, em 2013, escolhi estar do outro lado. Há uma parte de mim que queria abraçar novamente a minha irmã e uma parte de mim que preferia não voltar a vê-la. É uma preocupação e uma vergonha ao mesmo tempo. Estou certo de que seu marido foi um dos líderes aqui em Mossul.»

Comíamos diante de uma fogueira acesa do lado de fora de uma casa qualquer, libertada havia pouco, pertencente sabe-se lá a quem; alguém fumava, alguém outro tentava falar com a namorada em casa para dizer «Estou bem», de vez em quando passava um civil com um prato em uma das mãos e na outra um menino ou uma menina. «Estamos salvos em nome de Alá, isso é para vocês», diziam, depositando um prato quente preparado pelas esposas. Os civis, nas casas recém-retiradas do controle do EI, se aproximavam dos soldados de um jeito dócil. Os homens erguiam o olhar com dificuldade, pediam para que as crianças se aproximassem dos soldados, permanecendo na porta. Tudo em seus movimentos falava a língua da submissão: estavam diante do exército libertador e deviam apenas mostrar gratidão, afastando o medo de retaliação, que no entanto era evidente. As noites transcorriam assim, usando cozinhas e banheiros que haviam sido de outros antes que esses outros se tornassem refugiados ou cadáveres, casas que poucas horas antes haviam sido palcos de combate.

De vez em quando, em tempos de espera, não há nada para fazer além de observar e decifrar as ruínas ao seu redor, tentando juntar os pedaços das vidas dos outros. Há berços? Quartos de crianças? São rosa ou azul-celeste, quantos meninos e quantas meninas? Uma televisão ou mais de uma? E os copos, e os pratos? São requintados ou simples? Era uma família rica ou modesta? O andar de cima está em construção, talvez um dos filhos mais velhos estivesse perto de se casar e se mudasse em pouco tempo com a jovem esposa. Ainda existem roupas estendidas, talvez não pensassem em fugir. Como são as roupas? Há roupas de milicianos? Não. Então devia ser uma casa de civis. Teriam sido obrigados a ficar, ou teriam escolhido fazê-lo? Na cozinha há restos de comida ainda não estragada, uma panela com macarrão dentro, há tomates, aipo. Alguém cozinhou, como se faz para cozinhar debaixo de bombas?

Na parede da sala há um buraco que leva à casa adjacente, talvez eles próprios o tenham feito, ou os milicianos do EI os obrigaram, para tentar fugir de lá sem serem vistos.

Ligando os pontos. Devia ser a casa de uma família abastada, tinha uma cozinha bem ampla, dois banheiros no térreo, um cômodo que dava para o pátio e uma sala de estar com sofás em três paredes, no móvel da outra parede uma televisão, o Alcorão. Na parede, pendurados, os retratos de um homem idoso e de um jovem. Sobre cada um dos retratos havia uma flor de plástico, deviam estar mortos. Os sofás eram de um tecido brocado de tom amarelo e na frente deles um tapete vermelho-escuro. Havia uma despensa, com um saco de arroz ainda intacto e batatas e cebolas.

Os soldados haviam dormido na sala dos sofás e nós no quarto ao lado, perto da despensa.

Na manhã seguinte estava prevista uma ofensiva e nós estávamos autorizados a acompanhá-la, era para os lados do distrito de Wadi Hajar, entre o aeroporto e o que um dia foi o hospital militar. Eram dias entre o fim de fevereiro e o início de março, as temperaturas de manhã cedo e quando o sol caía eram muito severas. Acordar às cinco e meia, às seis dentro do humvee. Apertados entre munições, caixas com água, mantimentos, encolhidos com a cabeça nos joelhos, acocorados ao lado do soldado em pé munido de metralhadora. Chovia, a poeira das estradas virava lama, grupos de homens e mulheres chegavam exaustos nas áreas libertadas, alguém estava ferido e caminhava com o sangue que escorria do rosto. Dois homens saíram de um beco segurando em cada lado um bastão com um cobertor pendurado, amarrado de modo que sustenta o peso do corpo da mãe de um deles, morta ao ser atingida por um morteiro oito semanas antes. Não havia modo de sair, disseram, então mantiveram-na em casa por dois meses esperando para retirar o cadáver. Poucas centenas de metros mais adiante, passava uma pequena e silenciosa procissão: seis homens atrás de uma carroça, em cima da qual havia outro cadáver envolto em um tapete, nos lados da carroça lencinhos brancos. «Somos civis!», gritaram.

Naquela manhã, o coronel Ahmed al Jabouri, comandante da Operação Nínive, estava otimista.

Logo retomaremos o distrito, dizia, entre um chá, uma espera, outro chá. A parada na base militar do coronel era sempre longa, mas garantia a possibilidade de medir a temperatura dos conflitos. A verbosidade e a cortesia dos seus homens correspondiam ao andamento da guerra. A base de Jabouri era o termômetro da guerra.

Um dos seus homens pegou o rádio: «32567 32567», as coordenadas. «Chama o general Husen, nossos homens estão nos dizendo que são três naquele edifício. Verifiquem. Passem as coordenadas para a aviação, digam setenta metros dos nossos homens. Câmbio.»

No tablet do coronel, os pontos vermelhos indicavam os edifícios ocupados pelos milicianos do EI; os soldados precisavam avançar, combater de casa em casa, libertar os civis que ficaram presos, chegar até os edifícios em que, supunha-se, estivessem os atiradores, enviar as posições, chamar os bombardeios, esperá-los e *limpar*. E assim por diante.

Era preciso prestar atenção nas minas, nos explosivos deixados como armadilhas para punir os inimigos, nos milicianos escondidos prontos para se explodir em frente aos soldados (e a nós), milicianos disfarçados entre os civis, mulheres usando cintos explosivos, atiradores mais bem escondidos do que outros.

O prédio dos generais é sempre o mais confortável, ar-condicionado, comida fresca, televisões ligadas de manhã até de noite, geradores de eletricidade sempre funcionando. Ao longo das ruas em torno do edifício, dezenas de cadáveres. Milicianos, mortos recentemente, no dia anterior, diziam os soldados.

«Venham comigo»: um dos soldados nos fez sinal para segui-lo pelas escadas que levavam ao andar de cima e depois ao telhado, «fui eu quem os matou ontem», disse, apontando para os corpos de quatro milicianos estendidos na laje, antes de fazer uma *selfie*. Um dos três era muito jovem, os outros tinham uns quarenta, cinquenta anos. Roupas militares e barbas desgrenhadas. O traço distintivo, o verdadeiro uniforme, era a cinta explosiva, presa na cintura. A promessa do futuro e de ser lembrado como um mártir.

Então os soldados pegaram sacolas com comida para levar ao front e pouco depois estávamos novamente no humvee, mais apertados do que antes, em um comboio de seis veículos que se movia lentamente na direção das ruas mais estreitas de Wadi Hajar, nas ruas abertas pelas crateras das bombas; ouvíamos seguidamente um estrondo seguido de fumaça. «*Mufakhakhah*», carro-bomba, e nós seguíamos reto sem entender exatamente para onde.

E era assim, por centenas de metros, através dos buracos das paredes das casas ou dos jardins ou dos quintais de alguém ou das lojas ou das bancas onde ainda havia pedidos em cima do balcão, livros e jornais cujas primeiras páginas haviam sido retificadas: todos os rostos apagados com fita isolante. «*Haram*», proibido.

A linha de frente em uma guerra urbana são as casas e as garagens das pessoas, as lojas, a oficina mecânica, a barbearia. Você está ali com o colete à prova de balas em que está escrito «Press», que não serve para nada, e o capacete e você caminha seguindo os soldados que em uma das mãos têm uma AK47 e na outra as sacolas com o arroz já passado, a Pepsi quente e algum docinho de chocolate que eles dividirão com você. E você passa por uma casa que são mil casas e todas elas têm uma pia do lado de fora, com o espelho perfeitamente simétrico à torneira, e depois por um galpão com dois carros parados sabe-se lá desde quando, você passa pelas latas de lixo que o EI amontoou para criar obstáculos ao avanço dos inimigos, às vezes você circunda algum cadáver tentando saber desde quando ele está morto e em geral você descobre pelo cheiro.

De vez em quando os soldados, apontando para algum fio que sai do teto, fazem sinal para que você fique atenta, «Daesh, Daesh, não toque, senão voamos pelos ares. Trepa aí, dá a mão, coloca o pé ali e depois pula. Pare. A bandeira preta, lá, ainda tremula, não podemos nos aproximar, estamos na linha de tiro».

Em uma casa, um grupo de pessoas no escuro, crianças aninhadas entre os braços das mulheres, os homens em pé caminhando

RECONQUISTAR OU PUNIR? 73

nervosos para lá e para cá pelos cômodos. Eram civis emboscados, «Daesh, Daesh», diziam, apontando para os edifícios à nossa frente. O mais velho, cabelos e barbas grisalhos, casaco preto, foi arrastado pelos soldados, que o levaram aos empurrões até a borda da janela. «Onde estão?» As mulheres choravam de fome abraçando os soldados mais jovens. «Salvem-nos, levem-nos embora, eles nos obrigaram a segui-los, levem-nos embora.» Um menino com um olhar em choque apertava a mão do pai em pé na porta e repetia, robótico: «Daesh é grande, Daesh é grande». O pai lhe tapava a boca: «Desculpem, está traumatizado, não sabe o que diz, desculpem mesmo, levem-nos embora». Os soldados separavam os homens das mulheres e das crianças, os homens no cômodo mais escuro, mãos amarradas atrás das costas.

Ao nosso redor, o constante barulho dos projéteis. Depois de um tempo, aprende-se a distinguir a acústica do disparo, o som que sai e o som que entra, que é como um chiado, uma chicotada que rasga o ar. Os soldados ainda estavam interrogando o homem, um deles pegou o rádio, dando outras coordenadas. Para nós, restava a espera. Lá fora ainda chovia. Um dos soldados sinalizava com a cabeça: «Estão por perto», diziam. E são bem treinados.

Sim, são bem treinados os soldados do EI e, diferente dos outros, não têm medo de morrer. As mulheres e as crianças ficaram sentadas, os homens de joelho amarrados e os soldados cada vez mais desconfiados.

Ficamos parados, até os soldados sentados no chão; todos juntos no mesmo cômodo esperando a ordem de avançar outra vez, dividiam os cigarros, alguém mexia nas gavetas da cozinha procurando comida. Duas horas, parados à espera. Cento e cinquenta metros nos separavam do edifício dos atiradores. Era preciso tirá-los de lá, diziam, para preparar o caminho para os outros. No meio, uma rua. Não se deve atravessar uma rua, nunca, é uma regra da guerra. Os atiradores veem você, é perigoso demais.

O que fazer? Estávamos no limite, de um lado ao outro do beco devia haver uns quatro metros, poucos segundos, portanto. Correr depois dos soldados ou antes? À nossa direita e esquerda abriam-se espaços vazios. Eles podiam nos ver. Melhor não. Melhor esperar que escureça e voltar atrás? Ou correr sobre os entulhos das ruas arrasadas pelas bombas? E se eu caísse? Se eu não conseguisse me levantar? O colete à prova de balas pesava onze quilos. Se eu caísse não conseguiria me reerguer. Ok, melhor correr. Comecei a correr, com Rodi atrás de mim. Um chiado rasgou ar, dois: os disparos de um atirador.

Não devíamos. Da próxima vez não faremos isso, ok? Da próxima vez.

Da linha de frente podíamos ver a fumaça dos combates no distrito ao norte e uma fila de pessoas que corria em um espaço aberto, crianças, homens com lençóis brancos em sinal de rendição. «São dos nossos, estão encurralados.» Um tanque da Golden Division ficou preso, e se movia como um inseto enlouquecido, toneladas de chapas de metal à direita e à esquerda dando solavancos nervosos, soltando fumaça na parte de trás. Os soldados do andar de cima atiravam, os do andar de baixo tentavam segurar as crianças em fuga. «Ainda tem muita gente lá dentro, minha mãe ainda está lá. Ajudem-nos. Não conseguem fugir.»

E as vozes dos soldados seguiam-se umas às outras do teto da casa: «Está aqui, o atirador está naquele prédio. Atrás da bandeira. Atira, atira. Manda as coordenadas do bombardeio. Manda as coordenadas». Menos de quinze minutos depois a casa tremeu, os vidros das janelas se romperam, «fiquem longe, todos atrás das paredes».

A bomba atingiu o posto do atirador, a casa se desintegrou. «Missão cumprida.»

«Ainda tem gente dentro das casas», disse o menino, escapando entre os montes de areia no espaço aberto, perigosíssimo, entre o fim de um distrito e o início de outro, entre o fim de uma linha de frente e o início de outra — mas o que é uma linha de frente em uma guerra urbana? Uma casa, um muro, o quartinho de uma criança? Um banheiro externo, uma livraria? O porão de um ferreiro, a oficina de um mecânico? O menino caminhava sob a chuva, com as bandeiras negras ainda amarradas aos postes de luz, os mesmos postes onde estavam pendurados os corpos dos executados, os atiradores ainda posicionados e os soldados da Golden Division do outro lado. Ainda havia muita gente.

«Vocês têm certeza de que não havia ninguém no edifício do atirador? Quero dizer, vocês têm certeza de que não havia civis?»

«Como podemos ter certeza? Não, não temos certeza.»

Em julho de 2017, a Anistia Internacional publicou um relatório intitulado *At Any Cost* (*A qualquer custo*), sobre a gestão e as consequências das últimas semanas de guerra no lado ocidental de Mossul. O relatório denunciava os abusos e os crimes de guerra dos milicianos do EI, que transferiram centenas de civis dos vilarejos circunstantes para o oeste de Mossul, prendendo-os nas casas usadas pelos atiradores, impedindo-os de fugir e empregando-os como escudos humanos. Mas denunciava também os abusos das forças iraquianas e das forças de coalizão lideradas pelos americanos, que não adotaram medidas adequadas para proteger os civis e, ao contrário, submeteram-nos a ataques com armas que não deveriam jamais ser usadas em áreas densamente povoadas.

Desde o início da ofensiva, o EI obrigou milhares de pessoas a se deslocarem, recuando conforme perdia terreno; e, quanto mais perdia terreno, mais as áreas controladas por ele ficavam apinhadas de civis. Segundo o relatório, as forças pró-governo teriam violado as normas do direito humanitário internacional, cometendo crimes de guerra.

Enquanto o EI impedia que os civis evacuassem a área, as forças da coalizão lançaram ataques indiscriminados ou desproporcionais, causando o que os pesquisadores definem como uma «catástrofe humanitária de civis». Segundo Airwars, um dos grupos de monitoramento das vítimas civis, entre 19 de fevereiro e 19 de junho de 2017 — portanto, durante quase toda a segunda fase da ofensiva — os ataques lançados pelas forças da coalizão teriam causado a morte de 5.805 civis, número provavelmente subestimado.

«Vivíamos em al Msherfa, eles entraram, eram oito. Nem tentamos fugir, sabíamos que seríamos mortos se tentássemos escapar. Eram centenas de pessoas em todas as casas da vizinhança. As crianças nunca saíam, tínhamos medo de que fossem atingidas por bombas ou por um morteiro, quando chegam as bombas e os morteiros você não se dá conta deles, você só nota se atingem alguém, mas quem morre não sente. Então nunca deixávamos as crianças saírem. Um dia meu filho Mustafa me pediu para ir brincar com Makhmoud, o seu amigo que morava do nosso lado, e eu lhe disse: 'Não, Mustafa, você está maluco? Como é que você consegue pensar em brincar? Fique quieto sentado aqui'. Mas Mustafa queria brincar, eu não percebi, ele foi na casa ao lado. Quando voltou dei dois tabefes fortes nele e chorei: 'havia atiradores em cima da casa! E se você morre? E se você morre?'. Depois de um tempo, não saberia dizer quanto, uma hora, duas, não sei, uma bomba atingiu a casa, a casa ao lado da nossa. Havia atiradores. E havia muitas famílias, pelo menos dez, muitas crianças. Todas morreram, inclusive Makhmoud. E Mustafa não saiu mais, ficamos reféns até que chegaram os soldados, e toda vez que os vidros tremiam Mustafa tremia junto. 'Tenho medo de morrer', dizia, mas o que dizer a uma criança que tem medo de morrer? Eu lhe dizia a verdade. Eu lhe dizia: 'Eu também'.»

RECONQUISTAR OU PUNIR?

Antes de recuarem, os milicianos do EI ligavam explosivos a fios muito finos. Às vezes deixavam os grupos de famílias nas casas e avançavam para os combates. Quem tentasse fugir e por engano caminhasse nos fios fazia todo mundo voar pelos ares. Quando voltamos a Wadi Hajar, alguns dias depois da ofensiva, o cenário era catastrófico. Crateras de três, quatro, cinco metros abertas pelas bombas, corpos em todos os cantos da rua, minas ainda não explodidas que os habitantes do distrito circundavam de pedras e tijolos para impedir que as crianças pisassem em cima. Um tinha voltado para pegar os seus pertences antes de ir para os campos de refugiados; outro havia ficado ali sem água, nem eletricidade, nem ajuda humanitária, sem comida, sem roupas, porque o medo dos soldados o havia imobilizado, entre os carros carbonizados amontoados uns sobre os outros, os portões com as chapas de metal retorcidas, os fios elétricos arrebentados. Um homem correu ao nosso encontro no final de um beco, os braços para o céu, chorando: «Venham ver o que fizeram, venham ver, uma bomba matou 26 pessoas da minha família. Vinte e seis, todas mortas. Nós não fizemos nada, estávamos apenas nos escondendo. Nós somos inocentes. Por que eles os mataram? Não posso nem os levar embora».

Não era possível levá-los embora porque a sua casa ficava na divisa do front, a poucos metros dali caíam morteiros, aproximar-se para transportar cadáveres era um risco que ninguém correria. Na minha memória, na câmera lenta da minha memória, a guerra em Mossul naqueles dias é o rosto enrugado de um homem, com um gorro de lã, saindo de uma casa com uma caixa na mão, e em volta todos gritando alguma coisa. Havia quem gritasse os nomes dos próprios mortos em casa, quem gritasse por ter perdido tudo, o dinheiro, a loja, a família já fugida e tendo ido parar sabe-se lá onde. Esse homem, porém, descia com a sua caixa na mão, com livros e um rádio dentro. Ele a apertava contra o peito como se fosse um porta-joias, um baú do tesouro. Exibia uma serenidade demente.

Eu olhava para aquele homem de rosto rugoso e impenetrável e me perguntava se ele estava pensando na História, nas antigas bibliotecas iraquianas. Na biblioteca de Bagdá destruída e saqueada mais uma vez, tantas vezes depois de 2003. Eu me perguntava com que critério ele havia escolhido os livros a serem protegidos, onde os teria escondido. Ele estacou por alguns segundos, colocou a caixa com os livros no chão e disse: «*It's over. But it's just the beginning*». «Acabou, mas é só o começo.» E se foi, tão enigmático como apareceu; na minha memória ele é a Esfinge de Mossul.

Os civis de Wadi Hajar contavam também que as forças da coalizão distribuíam panfletos intimando os milicianos a se renderem e os civis a não fugirem, a ficarem em casa, pois fugir seria perigoso demais. «Fiquem em casa», diziam, mas aquelas mesmas casas, ocupadas pelos atiradores, com os civis tratados como reféns e usados como escudos humanos, foram repetidamente bombardeadas. Desde agosto de 2014, os Estados Unidos e outros oito países lançaram mais de 11 mil ataques aéreos nos conflitos contra o EI — estruturas, depósitos de armas e dinheiro, postos de comando e controle — que mataram milhares de combatentes. E milhares de civis. Números que, provavelmente, jamais serão esclarecidos.

No início da guerra, entre outubro e novembro, os soldados iraquianos e a polícia mostraram a face humana do libertador: precisavam emancipar-se da imagem deixada em 2014, de um exército em fuga e de um comando central — o de Bagdá — que mesmo nas suas expressões locais descrevia um poder fundado no sectarismo e nas represálias.

Por isso, durante as primeiras fases da ofensiva, os soldados se mostraram solidários com os civis em fuga, distribuíam água e

RECONQUISTAR OU PUNIR? 79

alimento, tinham sacolas de balas para as crianças e cigarros para os adultos em todos os blindados. Claro, parecia um roteiro escrito para ser encenado diante das câmeras: as crianças nos braços dos salvadores da cidade, os homens que podiam fumar depois de três anos de ocupação em que fumar podia significar perder a mão ou até a vida, as mulheres convidadas a tirar o véu do rosto e abandonar o *niqab* devido a uma suposta liberdade recém-descoberta.

Difícil dizer o quanto havia de espontâneo naqueles gestos do início de novembro, o certo é que nos meses seguintes, durante o cerco à parte ocidental e depois à cidade velha, aqueles traços de humanidade se esvaneceram. A cidade velha era considerada o último bastião do EI, todos os que permaneceram eram considerados culpados. Os últimos meses da guerra testemunharam ofensivas metro por metro. E, quanto mais os soldados avançavam, mais perdiam o pudor nos relatos, a timidez dos primeiros meses em responder às perguntas e a vergonha de mostrar os abusos cometidos contra os prisioneiros. Quanto mais se apertava o cerco em torno dos últimos isolados da cidade apinhada de gente, mais a guerra assumia os tons de uma despudorada represália.

«Vá procurar todos os homens lá, Yassin, *yalla*, vá.»

«As crianças também?»

«Todo mundo, eu disse.»

Então o soldado se colocava em posição de sentido e depois saía se esgueirando entre os becos, amarrando mãos e pés e vendando os prisioneiros.

«Este aqui é Daesh, está na cara.»

«Não tenho nada a ver com o EI, eu suplico, me poupe.»

«Cale a boca, filho do cão.»

«Este aqui está ferido, certeza que é um cão combatente que já foi tratado por outros cães como ele.» E ainda «Esse velho, então, esse velho podia ter fugido antes, se não fugiu é um deles», e o soldado esfregava o rosto do homem contra o muro, com força.

«Quem são aquelas mulheres, não diga que não as conhece, quem são?», com o cano do fuzil fustigando-lhe as costas.

«Poupe-as, poupe ao menos as mulheres.»

«Por que vocês não escaparam, velho? O que faziam ainda lá dentro, companhia aos outros cães como você?»

«Não fugimos porque tínhamos medo de vocês. Tenham piedade, somos inocentes.»

«Amarre-os, Yassin, leve-os daqui. Para o galpão.»

Bastava caminhar pelas ruas já vazias para encontrar um prisioneiro nas mãos dos soldados, escondido nos monturos de uma casa qualquer, tratado como passatempo. «Vem, vem, vou te mostrar um cão do Daesh.» Em meio ao plástico colorido de *snacks* industriais, dos restos de sucos de fruta, dos pacotes de cigarro, havia um homem ajoelhado em cima dos detritos atrás de uma coluna, uma *jalabiya* preta nas costas, com marcas de sangue atrás do pescoço e na nuca. Cinquenta anos, mais ou menos; uma corda amarrando juntos pés e mãos, um lenço escuro vendando os olhos. O homem mantinha a cabeça baixa, enquanto os soldados ao redor o xingavam. Eram muitos, incontáveis.

«Então, velho, mostramos a tua cara de cão a esta senhorita? Ela veio de longe para ver o quanto você é nojento, você é o estrume deste país.»

O soldado arrancou com violência a venda dos olhos do homem.

O homem ergueu o olhar. Sem dizer uma palavra. Mas os seus olhos diziam: «Tenham piedade».

Nunca saberei dizer quantos homens vendados e amarrados, levando chutes nas costelas, fustigados com os canos dos fuzis, mantidos em um terreno ou de cara para o muro em um beco de Mossul, vão acabar em algum galpão para serem torturados ou mortos, sejam inocentes ou culpados de terem apoiado o EI e combatido com ele. Certamente, porém, a guerra dos libertadores contra o terrorismo transformou-se em uma inescrupulosa represália, muito mais feroz porque executada com a desenvoltura de quem sabe que sairá impune.

Em julho, no final da guerra, olhar pela primeira vez em direção à cidade velha produzia grande desconcerto. Um manto de ruínas brancas cobria distritos inteiros, erguia-se uma poeira lúgubre, era difícil imaginar que aquelas pedras tinham sido casas. Já não havia ruas, nada de becos, nada de prédios, nada de mesquitas. Da cidade velha restavam apenas poeira e pedras. De vez em quando alguém surgia de um caminho: algum civil que, fugindo, tentava encontrar os corpos soterrados dos familiares. Do cinza das pedras podia aparecer um pé, uma mão, um crânio. Eu percebia que precisava prestar atenção para não pisar nos mortos, mas ao mesmo tempo eu pensava que, caminhando sobre os escombros de dois, três andares de uma casa, haveria sob os meus pés centenas de cadáveres.

O cheiro era o dos mortos entre os vivos. Os miasmas dos corpos em putrefação entram tão violentamente no nariz que depois ficam impregnados na cabeça, você se acostuma a deixar para trás uma mulher idosa que chora sobre um corpo morto estendido ao seu lado, esquelética, desnutrida. A morte habitua, a morte fala, conta história. Estão mortos também os vivos que caminham, saindo dos becos e dos buracos como fantasmas, são principalmente velhos, mulheres e crianças. Um menino arrastava o pé esquerdo ferido, exausto, com uma bandagem imunda cobrindo a nuca, alguém precisava engessar rapidamente o seu braço direito. Vestia uma camiseta cinza, rasgada, suja. Em um dos pés tinha um chinelo, no outro uma sandália feminina. Não conseguia falar, não emitia nenhum som. Na mão esquerda segurava uma garrafa de água, mas as feridas no rosto e na boca deviam ser tão profundas e doloridas que era impossível beber. Estava sozinho. As outras mulheres, os idosos, moviam-se em grupos de três, quatro pessoas, ajudavam-se. Um ou outro desmaiava. Ninguém chorava. Ele, porém, estava sozinho. Caminhava, arrastava-se, sem ninguém por perto. «Você não pode fazer nada, deixe-o ir», disse um soldado da Polícia Federal que fazia a triagem das pessoas que apareciam buscando refúgio.

Depois de nove meses de guerra, as bandeiras iraquianas novamente tremulavam nos edifícios, substituindo as pretas. A Polícia Federal cuidava dos escombros. A intrincada rede de ruelas e becos que testemunharam a convivência das tradições ao longo dos séculos — os turcos, os seljúcidas, os mongóis e os savafidas — e das religiões — cristãos e muçulmanos da planície de Nínive — hoje são fragmentos de um mapa de destruição. «O preço da liberdade é alto», diziam os soldados iraquianos nos checkpoints, não ficava claro se com orgulho ou desgosto, ou se era apenas a arrogância do vencedor, que olhava para o minarete Mūr addīn da mesquita al Nuri, explodido pelos milicianos poucas semanas antes da libertação da cidade. É o minarete em que, em 2014, Abu Bakr al Baghdadi proclamou-se califa, e hoje está destruído. Daqui a dez, vinte, trinta anos, quando alguém citar ou pensar ou tentar imaginar a mesquita al Nuri, com o seu minarete inclinado, não pensará nas tradições e nas culturas que se encontraram ao longo dos séculos em Mossul, pensará na barbárie do Estado Islâmico agonizante em seus últimos dias de guerra. Não se trata apenas de iconoclastia, é mais um sinal de proeza, de uma simbólica conquista, a da memória.

No dia anterior à declaração de vitória do primeiro-ministro al Abadi, eu caminhava ao longo do Tigre: pela primeira vez depois de anos, as bandeiras iraquianas tremulavam em ambas as margens. Do oeste de Mossul era possível ver novamente o leste, que tinha voltado à vida, o cheiro do falafel e do kebab, as placas dos restaurantes, os jovens pelas ruas, os homens reconstruindo as casas bombardeadas. Mas no oeste de Mossul ainda se ouviam os disparos dos morteiros e dos projéteis, o grito dos feridos. Diante dos nossos olhos, nas águas do rio flutuavam cadáveres, todos homens, alguns vendados, alguns com os braços amarrados atrás das costas. A água inchava os corpos, mas não impedia de ver os buracos das balas. Alguns atingidos na cabeça, outros nas costas. Os soldados observavam os corpos sem vida, alguns os chutavam com raiva, brutalizando o corpo do inimigo como se a morte ainda não fosse suficiente. Atrás de nós, a força aérea continuava a atacar. Uma bomba caída no Tigre erguia um muro de água sobre vivos e mortos. Os soldados deixavam passar dezenas de mulheres e crianças acossadas pela fome, pela sede, pelo cerco que durou meses. Observavam-nas sem fazer nada, sem estender a mão às crianças exauridas pelos cinquenta graus do verão iraquiano, sem ajudar as mães com os filhos menores nas costas.

Mohammed tem vinte anos, lutou na guerra de Mossul com a Golden Division. Ele me contou a sua vida enquanto vigiava os becos da cidade velha, em uma das mãos o telefone, as fotos de sua mãe, da sua namorada — uma jovem de intensos olhos escuros —, na outra os «gadgets dos combates», os telefones dos milicianos encontrados nas casas, os tablets. Modernos diários, fragmentos de intimidade roubada, a cronologia privada da vida sob o EI: contêm fotos de crianças armadas com fuzis, homens e mulheres com kalashnikov e as bandeiras negras do Califado, fotos de casamentos entre moças muito jovens e soldados já não tão jovens assim. «São todos cúmplices», disse-me Mohammed, observando os refugiados em retirada, caminhando acima de suas forças, «aqueles que ficaram na cidade até o fim são todos cúmplices, os milicianos, suas mulheres, suas crianças. Não há civis nesta guerra, são todos familiares do EI. E salvá-los não faz sentido. Não faríamos nada com eles.»

Os soldados de Hashd al Shabi, uma confederação de milícias xiitas, são ainda mais explícitos. Com punhais em mãos, contaram com soberba ter matado homens e mulheres, indiscriminadamente. Os Hashd al Shabi, as Forças de Mobilização Popular apoiadas pelo Irã, contam no Iraque com cerca de 100 mil homens, e ganharam fama devido às ações em batalhas e às acusações de crimes de guerra contra os sunitas. Todos os líderes sunitas se opuseram ao envolvimento de Hashd al Shabi na ofensiva, receosos de que a sua presença se transformasse inevitavelmente em uma punição coletiva e sectária contra a população de Mossul. O governo iraquiano, porém, apoiado pelos aliados, autorizou a participação das milícias na batalha.

Um dos milicianos xiitas, brandindo uma faca diante dos meus olhos, contou ter degolado quatro pessoas em uma semana. Preciso ir embora, pensei. Mas acabei ficando. Foi assim que observei aquele soldado, eu o observei enquanto ele tirava balas dos bolsos do seu uniforme e me oferecia. Eu as aceitei, coloquei no bolso direito, e disse a mim mesma: vou jogar tudo fora assim que sair daqui. E continuei a observá-lo, para decifrar o seu corpo e entender qual parte expressava, mais do que as outras, aquela ferocidade. E achei que fossem as suas mãos imundas, que aquela imundície fosse uma imundície da alma, que naquelas mãos, nas suas unhas que poucos minutos antes tinham me estendido balas amarelas, azuis, verdes capazes de alegrar uma criança, havia sangue coagulado de muitos dias. Sangue sabe-se lá de quem.

Na extremidade da cidade velha que dá no Tigre, debaixo de uma ponte, na frente de uma bandeira iraquiana recém-hasteada na margem, um grupo de soldados tirava de um beco um rapaz, desarmado. O corpo esquelético era arrastado pelos soldados iraquianos, que investiam contra ele de forma violenta, primeiro com chutes e depois com o cano do fuzil. Ninguém parecia preocupado com a nossa presença, com nossas câmeras fotográficas, todos estavam pouco ligando para os abusos contra um prisioneiro, inofensivo.

Esta foi a guerra ao EI, eu dizia a mim mesma outra vez: diante de um inimigo assim feroz, toda violência era lícita. Diante de um inimigo tão hediondo, toda vingança era tolerada. Diante de um inimigo assim.

Mas assim como?

O *inimigo* que arrastaram para fora dos escombros da cidade velha com chutes e golpes com o cano do fuzil nas costelas era um rapazinho. Sujo, os cabelos e a barba desgrenhados, sem camisa, as calças esfarrapadas, as mãos amarradas atrás das costas, como os cadáveres no Tigre. Nem gritava, sabia que de nada adiantaria. Os soldados iraquianos, ao contrário, berravam, batiam, cuspiam nele.

Ele conseguiu apenas encontrar os olhos de Rodi: «Ajude-me, eles querem me matar». Dizia isso sabendo que já estava morto. Nós também sabíamos, enquanto o olhávamos sendo arrastado para um canto perto dali, um canto do qual não voltaria mais. Como é olhar para um morto que caminha? Por que, perguntei a mim mesma, você não se mete entre o rapaz e os soldados? Um gesto, uma palavra que pudesse parar aquela violência arbitrária. O que é que me impediu aquela e centenas de outras vezes? A covardia ou somente o pensamento de que guerra é guerra?

«Aqui não, aqui não, tem jornalista. Aqui não», um soldado diz a outro, enquanto arrastavam o rapazinho.

«Para onde vocês vão?»

«Vamos interrogá-lo.»

«Onde?»

«Isso não é problema seu.»

Mossul foi a guerra mais relatada dos últimos anos. E tinha todos os elementos clássicos da narrativa: o inimigo, o herói, tinha as vítimas, as imagens icônicas de capa. Quem é aquele inimigo de quem contamos histórias? Esta é, acho eu, a pergunta que os mortos de Mossul me fizeram, a pergunta que me foi feita por aquele cheiro rançoso que entrou primeiro pelo nariz e depois impregnou-se na cabeça.

Foi um inimigo tão desumano a ponto de os crimes de guerra não nos parecerem desumanos também? Por que esse inimigo não pode ser redimido, não pode ser salvo?

É o paradoxo da guerra midiática: tudo ali, em tempo real, distante mas próximo. Imediatamente desfrutável. Posso ver as bombas caindo ao vivo, os soldados movendo-se na direção da linha de frente, posso ver os drones em cima das pessoas em fuga, em meio à paisagem ocre do norte do Iraque, mas, quando a câmera foca histórias, até a guerra se torna um estereótipo. Quanto mais a câmera fecha, mais o contexto desaparece. E então Mossul poderia ser Islamabad, Trípoli, Basra, Cabul. E pouco importa que seja aquela mulher que chora enquanto a câmera pega suas lágrimas riscando-lhe o rosto, pouco importa o que sua família viveu, o que foi para ela o Iraque antes do *inimigo*, ela é uma vítima. E, para a rede semântica dos relatos da guerra, isso é suficiente. E que importância tem que seja aquele rapaz de torso nu, tratado à base de chutes nas costelas, sujo e difamado e arrastado sabe-se lá para qual monturo da cidade velha, o que o levou a apoiar o EI — se é que o apoiou mesmo —, a combater em nome de Alá. O que o levou a desejar a morte, a odiar a mim e aos outros iguais a mim, ou aquilo que represento. Admitindo que tenha me odiado, claro. Ele é o inimigo. E isso também é suficiente. Porque relata mas não explica, e garante ao público não ser incomodado por perguntas inoportunas: «Quem é este inimigo?».

Um dos livros que me acompanham quando viajo é *Lezioni di fotografia*, de Luigi Ghirri. Ghirri foi um fotógrafo da terra, das terras. Soube ler e traduzir as ausências e os vazios, iluminou os mundos escondidos, as memórias descuradas. Ler e ver Ghirri

RECONQUISTAR OU PUNIR?

ensinou-me a fazer a pergunta diante de qualquer circunstância que considero obscura: o que vejo? E um instante depois: como contá-lo?

Um dos pontos mais intensos da sua reflexão teórica se concentra no tema do limiar, o limiar entre dentro e fora, entre aquilo que vejo e aquilo que decido deixar de fora, o limiar entre mundos diferentes. O limiar é o ato próprio do fotografar, entrar em uma imagem porque ela nos afetou, é a prova da relação íntima entre quem olha e o mundo olhado.[12]

Quando escrevo, sempre me pergunto qual é o meu limiar, o que deixar dentro do enquadramento ideal da minha narrativa. Qual é o limite entre aquilo que pode (deve) ser visto e aquilo de que se pode prescindir. O limiar não é uma borda, não é a fronteira física do enquadramento, é um ponto em que aquilo que observo e fotografo, e portanto conto, coincide com a minha compreensão do mundo. É o ponto em que quem olha é descrito por aquilo que está olhando. O limiar é o momento de transparência entre quem olha e o objeto olhado. O que incluir e o que excluir em relação ao que se vê nas guerras?

Os relatos de guerra hoje deslocaram o limiar para tão perto dos temas narrados que eles se tornaram invisíveis. A demasiada

---

12 «A palavra limiar é utilizada para indicar uma fronteira entre o interno, aquilo que pensamos, que vemos, que podemos ver, que devemos ver, e aquilo que, por outro lado, vemos na realidade e que determina uma observação comum. [...]. Estamos diante de um problema fundamental, de um dos alicerces da fotografia. A relação entre o que devo representar e o que devo deixar fora da representação. No momento em que eu clico, encontro-me no limiar, estou no ponto de percepção da possibilidade de filtrar o interno com o externo. Preciso fazer uma avaliação exata, um cálculo que sei ser muito importante, que diz respeito àquilo que deve ser deixado de fora e àquilo que deve estar compreendido» (L. Ghirri, *Lezioni di fotografia*. Macerta: Quodlibet, 2010, pp. 52 ss.).

proximidade tornou-se opacidade. As objetivas se aproximam tanto das lágrimas das mulheres *yazidi*, tornadas escravas sexuais dos milicianos do EI, que as histórias se reduziram a uma manchete de impacto, à gramática do «furo». As objetivas se aproximaram tanto do rosto contrito do jovem prisioneiro do EI que tornaram indistinta a história que o levou à prisão em que é mantido. De novo: o que incluir? O que excluir?

Aproximamos tanto as câmeras da guerra que deixamos de vê-la. Não é o efeito do videogame, não é o apagamento do limite entre ficção e realidade, tampouco estamos saturados do efeito-ubiquidade, do estarmos sempre e em todo lugar. É só que escolhemos não ver mais. No entanto, devemos nos obrigar a ver.

O inimigo que nós descrevemos é filho de uma fragilidade intelectual que reduz tudo a uma mera irrupção; um inimigo sem complexidade, reduzido a um pontinho de um gênero narrativo tão difundido por ser conveniente, aciona automatismos animais: a urgência de se salvar, o medo de ser morto.

«Entia non sunt multiplicanda praeter necessitatem.» Não multiplique os elementos mais do que o necessário. Um inimigo dilacerado pela navalha de Occam.

E, à medida que o enquadramento se fecha, provocando no espectador a perda das proporções e das relações com o contexto, à medida que quem observa cria empatia com a vítima sem se questionar e se alegra porque estamos salvos e o inimigo foi derrotado, não percebemos que as vítimas já estão se tornando mais cruéis do que os seus algozes.

CADA UM CARREGUE SUA CULPA

Fathi, 22 anos, soldado da ERD,[13] base provisória a oeste de Mossul, março de 2017

Eu só chorei uma vez desde o início da guerra, quando o subtenente Muhammad foi morto, junto com outros três amigos. Estavam combatendo na área do aeroporto de Mossul, perto da fábrica de cimento. Ele era um herói. Estava em uma ofensiva e foi atingido por um morteiro. Chorei muito. Depois voltamos ao combate. Não havia alternativa. É o meu trabalho, a gente morre ou a gente vive.

No final da guerra quero voltar para a casa da minha mãe, em Bagdá, em Sadr City. Meu pai morreu, só sobrou minha mãe, que é uma mulher forte e orgulhosa, ela me incentivou muito a combater. Meu pai morreu há quatro anos, eu havia recém-terminado o treinamento, estávamos parados em Falluja e o Daesh estava avançando, eram dias de luta duríssimos. Um dia minha mãe me ligou dizendo que meu pai estava morto. Mas eu não podia voltar para casa, precisava permanecer em Falluja combatendo o Daesh e não pude nem estar presente no funeral.

Sempre sonhei em ser soldado, queria me tornar um alto oficial. Tenho orgulho de fazer parte da ERD.

Era 2014, estávamos em Bagdá, mal tínhamos acabado o treinamento quando nos disseram que o Daesh estava entrando em Mossul.

---

13 Emergency Response Division, ou ERD, é uma unidade de elite das forças militares iraquianas, treinada pelos Estados Unidos, subordinada ao Ministério do Interior de Bagdá.

«Ocuparão o Iraque inteiro», diziam os soldados mais alarmados, e de fato havia o que temer, Falluja já havia caído. Nós estávamos assustados, abalados, mas também motivados. Estávamos prontos para lutar contra o Daesh e libertar Mossul. A razão estava conosco e está conosco ainda hoje no campo de batalha.

Os combatentes do Daesh estavam em poucos quando entraram em Mossul, mas tinham os moradores do lado deles. Esperavam que o Daesh garantisse finalmente um Estado sob medida para eles, então quando eles entraram, naquele verão, as pessoas os acolheram, elas os aclamaram, protegeram, alimentaram, apoiaram.

E mais, elas os convidaram. E mais. O pessoal de Mossul era gente do Daesh antes do Daesh. Por isso, como você acha que nós deveríamos nos comportar hoje em guerra? Ter piedade deles? Claro que não. Salvar essa gente assim, com o coração leve? Claro que não.

Hoje você salva os de Mossul, tira-os dos escombros, e eles dizem: «Daesh não fez nada por nós», dizem que se arrependeram de tê-los apoiado, que agora os renegam, pois foram oprimidos e passaram fome e sofreram, atiram-se aos nossos pés, aos pés do exército que chamavam de infiel e contam que as pessoas passaram fome e sede, e falam dos muitos mortos porque o Daesh não deixava que eles se tratassem.

Mas esses que hoje saem às lágrimas dos escombros, pedindo para serem salvos, são os mesmos que convidaram e protegeram os assassinos do EI.

Chamavam-nos de cães, nós do exército. Ah, é? Somos cães? Então por que deveríamos salvar vocês? Vocês deram alguma demonstração de que eram nossos irmãos? Não.

E daí eu me pergunto: por que não se rebelaram antes? Por que ficam choramingando só agora que estamos tentando libertar a cidade com as armas? Não, não tenho pena deles.

Na minha frente, milicianos adultos e meninos. Os mais inflamados no campo de batalha não passavam dos dezessete, dezoito anos. Eles os capturaram no meio da rua e estouraram seus miolos.

Uma vez, um menininho que mal sabia falar me contou que foi obrigado a se unir ao Daesh, a aprender a lutar e a matar.

Mas, você sabe, eles sempre dizem isso, quando você os prende sempre dizem que foram obrigados, que não se juntaram ao Daesh espontaneamente.

Ele me disse que o obrigavam a lutar e plantar minas pelas estradas para nos punir, o exército, mas também para punir os civis que tentavam escapar. Espalharam minas por todo lado. Tenho medo? Claro que tenho medo. É normal ter medo de morrer.

Eu perdi dezenas de companheiros para essa guerra. Mas sempre mantivemos o moral alto e o entusiasmo no front, porque o Iraque é o meu país e ser soldado é o meu trabalho. Não tenho outro e vivo com a consciência limpa.

Eu não me faço muitas perguntas quando durmo à noite e nem quando acordo pela manhã. Esses menininhos são peões e não vão parar. Por isso é que não, esses meninos não me interessam, eu só quero derrotá-los, matá-los e esquecer.

Matá-los é normal. Estamos em guerra. Qualquer um que cause destruição deve ser eliminado, sem vacilar. Porque prejudica o país e atinge os inocentes.

Grandes ou pequenos, para mim é a mesma coisa, luto contra eles da mesma forma. Com a mesma convicção. Vieram para destruir o meu país, treinaram crianças e adolescentes para nos matar, por que eu deveria hesitar diante de um menino?

Há seis ou sete dias ferimos um rapaz em uma das pernas, tinha dezesseis anos, nós o capturamos, e ele disse: «Daesh escolheu por mim». Disse que eles o pegaram na rua, que ele era muito pobre, e lhe deram um trabalho e um pagamento, mas que foi obrigado a lutar.

Então me olhou e disse: «Eu estava lutando como você». Não. A diferença é grande e clara, a diferença é que eu estou defendendo o país e a minha gente, enquanto aqueles como você reduzem o Iraque a escombros. Essa diferença basta para nos fazer inimigos para sempre.

Por isso eu acho que matá-los é legítimo. Quem foi educado sobre bases podres não pode ser recuperado, um menino educado para o mal desde o início da sua vida não pode ser recuperado, vai se tornar um terrorista, vai matar outros inocentes. Convencerá outros meninos a matar outros inocentes. Ninguém pode consertá-los, são como carros estragados e arruinados para sempre.

E não apenas as crianças, as famílias inteiras, os pais, as mães, é toda essa gente errada e corrompida, mandavam os filhos para o combate, o que vocês querem que saia dessa gente podre? Fedem, emanam odores pútridos, porque são o diabo e mataram os melhores dos nossos.

Acho que o governo deve nos permitir matar todos, sim, homens e crianças. Se deixar que vire adulto um menino que cresceu assim, não poderá senão ter dentro de si a semente do mal.

Mohammed, 34 anos, soldado da ERD, base provisória do exército iraquiano a oeste de Mossul, março de 2017

Eles fazem as crianças lutarem, entende? Passaram três anos com elas lá, eles as doutrinaram com a história das 72 virgens do paraíso, prometendo o encontro deles com o Profeta.

Os meninos do front atiravam em nós, gritando que éramos apóstatas e não merecíamos pisar na terra do Profeta. Estávamos combatendo na guerra para libertar o país do Daesh e acabamos no limite de ter medo de criança.

Eu olhava para os adolescentes no front e pensava que poderiam ter pegado meu filho, o filho de algum parente e enchido a cabeça deles de violência e enchido o corpo deles de explosivo. Pensei que é só um acaso que eu esteja de um lado do front e aqueles meninos do lado oposto.

Muitos são da província de Mossul, dos vilarejos que circundam a cidade. Talvez sejam beduínos, vivam da criação de vacas e ovelhas. Eles não têm escola, não têm nada, cresceram na ignorância, e o pessoal do Daesh se aproveita, envia-os para o combate por cinco dólares, talvez dez. É gente que não teve nada até aquele momento. É óbvio que estão dispostos a lutar.

Eu fico mal quando luto contra as crianças, é algo a que é impossível se habituar. Elas não têm consciência, não conseguem entender, foram enganadas; eu fico me perguntando continuamente, eu me questiono por que elas são ensinadas a se explodir. Sofro.

Quando volto para a base, à noite, depois de ter lutado contra garotos de quatorze, quinze anos, eu me deito na cama e choro. Penso nos olhos daqueles meninos, penso naquele menino que uma vez se explodiu na minha frente e eu vi o seu corpo feito em pedaços pelo cinto explosivo. Como se faz para esquecer? Havia somente a parte superior do corpo, da cintura para baixo não tinha sobrado nada. Enfim, eu estava deitado na minha cama de campanha à noite, pensava na minha família e me dizia: «E se a minha província fosse invadida e ocupada, e se prendessem a minha gente, a minha família, os meus filhos?». Pois é, se invadissem a minha província eu ia querer matar todo mundo.

Uma vez nós capturamos quatro meninos, sírios, no front. Durante os interrogatórios da inteligência, eles confessaram ter sido treinados para esconder minas nas casas durante a retirada, para punir o exército e os civis. Os líderes do Daesh diziam-lhes que matar os soldados era certo, que aquilo precisava ser feito a qualquer custo, até enchendo-se de explosivo. Diziam que, se fosse necessário, também as crianças pequenas e as mulheres deveriam usar os cintos explosivos.

Acontece que, quando os combatentes adultos se veem cercados, colocam os cintos explosivos nas crianças antes de tentar fugir. Daí os meninos são deixados sozinhos, como iscas. E para nós é um beco sem saída. Se não estivessem com os cintos explosivos, poderíamos ir até lá, tentar fazê-los raciocinar, mas, com aqueles cintos, a escolha não está mais nas nossas mãos. Eles estão na sua frente, gritam: «Alá é grande», estão entulhados de explosivo, o que vamos fazer?

Às vezes digo a mim mesmo que esses meninos são obrigados, o Daesh usa a família deles como refém: «Ou você combate com a gente ou matamos a sua família», e o medo de que por sua causa aconteça alguma coisa com as pessoas que ama é uma boa razão para lutar.

Se me dissessem: «Lute por nós ou matamos a sua família», eu não faria diferente. Por isso algumas vezes eu não atiro. Fico ali, hesito. Às vezes eu grito com eles, mas eles continuam a atirar em nós, berrando «Alá é grande», «Saiam da terra do Profeta».

CADA UM CARREGUE SUA CULPA

Se não estivessem armados... seria possível argumentar com eles, discutir. Seria preciso um tempo, na guerra não há tempo. Sou obrigado a atirar. Esses meninos estão sempre na minha cabeça, penso sempre neles.

São monstros, não sei o que são, mas não parecem humanos. De manhã peço a Deus para que não me faça encontrar crianças no front porque não quero matá-las. Os adultos precisam pagar, escolheram. Com as crianças é diferente.

Daqui a dezoito dias volto para casa, em Salaheddine. Volto para a minha mulher e para os meus filhos.

Termina o meu turno e eu vou para a casa. Daí volto para lutar de novo. A jihad no Iraque não vai acabar, sabe? Não. Deus sabe o motivo, eu não.

A PASTINHA AZUL

«É tudo perigoso aqui. Você pensa: 'estamos em um hospital, devemos estar seguros'. Mas que nada. Você viu o que é a entrada deste lugar? Homens armados, sacos de areia, barreiras de concreto. Se você fosse um kamikaze e quisesse atingir os civis, onde você explodiria? Aqui, no hospital. Por isso, vivemos barricados aqui dentro, atrás dos blocos de concreto e das barras de aço. Precisamos pedir aos soldados para revistar todos os que entram, vigiar as mulheres e as crianças, não podemos excluir a hipótese de que alguém mande uma mulher ou uma criança para se explodir. Não podemos excluir nada, daí precisamos pedir aos soldados para revistar, vigiar. E o pessoal que chega para ser tratado ainda precisa sofrer o tormento de uma vigilância. Pense nas mulheres, sozinhas. Talvez tenham escapado com os filhos nos braços, os maridos estão mortos, presos como reféns, elas não sabem como matar a fome das crianças, com esses meninos que com seis meses pesam menos de três quilos, magros, descarnados. Isso se chama fome, entende? Chegam aqui e ainda precisam ser revistadas.»

Firas, o doutor Firas, tem mais ou menos sessenta anos, um terno cinza iridescente e uma gravata, também iridescente, com flores rosa e lilás. É de Mossul e em Mossul viveu também durante o primeiro ano de ocupação do EI.

Ele trabalhava no hospital al Khansa, a leste de Mossul, deteriorado pelos bombardeios assim como as outras estruturas e postos de saúde, todos quase completamente inutilizados. Tinha ficado em Mossul porque queria ajudar os doentes que não podiam deixar a cidade — nem mesmo os doentes terminais, ele ressalta.

«Escreva isto, nem mesmo os doentes com câncer podiam ir embora», diz, «escreva isto.»

Firas conta que no início os homens do EI distribuíam remédios para todo mundo, cada bairro tinha seu posto, as crianças podiam ser assistidas por um pediatra e receber as vitaminas; não havia discriminação entre as famílias dos milicianos e a gente comum. Depois, a assistência médica começou a ser controlada por pessoas armadas, cada vez com mais frequência era um grupo de meninos, os *ashbal al khilafa*, crias do Califado, filhos de milicianos que faziam a triagem dos pacientes. Você sim, você não. Pode pegar os remédios, volta para casa, para você não tem. E o critério era sempre a afiliação. Um dia chegou uma mulher, doente de leucemia, precisava de tratamento, o doutor Firas aplicou o soro com clofarabina e tentou acalmá-la. «Vou tentar pedir para que seus filhos possam acompanhá-la para fora da cidade, talvez para Erbil. Será difícil, mas vamos tentar, se eles quiserem dinheiro farei o máximo para consegui-lo, junto com a sua família.» Porque em Mossul era assim, até a possibilidade de deixar a cidade para ser tratado podia se tornar um negócio. «No início», diz Firas, «se você queria deixar a cidade para se curar, os seus familiares ficavam reféns. Deixavam você partir, mas se não voltasse enforcavam os seus filhos, os seus irmãos, os seus primos e os penduravam nos postes de luz, como advertência para os outros.»

Após dois dias de soro e de pedidos sem resultado, um miliciano entrou no hospital, aproximou-se da maca sobre a qual a mulher estava estendida, desconectou o soro e os equipamentos. Não haveria mais remédios para todos. A mulher doente de leucemia morreu e Firas juntou o último dinheiro que lhe restava, escondido sob um ladrilho no chão da cozinha, e fugiu com a sua família, pagando um traficante, um *smuggler*. Sim, um traficante em Mossul. Porque em Mossul era assim: tudo podia se tornar tráfico, contrabando, negócio. O petróleo, o patrimônio arqueológico,

A PASTINHA AZUL

e então as pessoas. É legal construir o Estado Islâmico em nome de Alá, mas se houver lucro tanto melhor. *Franchising EI.*

O doutor Firas pegou um maço de dinheiro, 4.200 dólares, enrolados e presos por uma fita vermelha, entrou em contato com uma pessoa, que entrou em contato com um primo, que entrou em contato com um motorista, que entrou em contato com o contrabandista, e em uma noite de agosto se preparou junto com a família e esperou pelos dois carros que os levariam embora.

«Eles tinham o rosto coberto e estavam armados, quiseram o dinheiro antes ainda que os meus filhos saíssem pela soleira. Diziam para ficarmos calados, que os checkpoints não eram um problema para eles. Façam silêncio, diziam. E foi o que fizemos.»

Ainda hoje não sabe como funcionava aquela rede de fuga, mas de uma coisa tem certeza: os traficantes não poderiam ter levado embora as pessoas de Mossul sem que alguém do EI garantisse a eles um salvo-conduto. Vigilância excessiva, checkpoints demasiados, era altíssimo o risco de ser preso e executado. Muitos lucraram com aquelas fugas da capital do Estado Islâmico, Firas não tem dúvida: «Eu conferi com todos aqueles fugidos de Mossul, mas também de Hawija, Nimrud, Qayyara, dos outros vilarejos em torno da cidade, e concordamos. Não estaríamos vivos se algum miliciano não tivesse ganhado com a nossa fuga. Um homem que agora vive no campo de refugiados de al Khazir foi levado por um motorista, em um caminhão que transportava petróleo, e ele estava escondido debaixo de um assento. Deviam certamente ter algum acordo nos checkpoints, com os homens do Daesh».

Assim, o doutor Firas, sua mulher e os seus dois filhos chegaram a Erbil, no Curdistão iraquiano. Era agosto de 2015. Firas voltou para sua cidade só depois da libertação. Vestiu a camisa branca e retomou as consultas com os mosulawi, que agora, é claro, estão livres, mas para entrar no hospital precisam atravessar um cordão de segurança, ultrapassar as barras de aço e ser revistados.

Porque nunca se sabe, porque o EI está pronto para tudo, porque a leste de Mossul, no distrito de Zouhur, depois que essa parte da cidade já havia sido libertada, um kamikaze entrou em um restaurante, o Savydaty Al-Jamila, também chamado de My Fair Lady, o restaurante do senhor Nasser, que havia recém-voltado ao trabalho porque queria retomar uma vida normal entre *shish tauk*[14] e batatinha frita e Pepsi e café, enfim, um kamikaze entrou e se explodiu. Cinco mortos e quatorze feridos.

As vítimas eram pessoas comuns, daquelas que tentam viver depois da guerra retomando os hábitos simples, tipo se sentando para comer um sanduíche com falafel. E um kamikaze entrou, talvez até ele tenha comido um sanduíche com falafel, e daí se explodiu, em um restaurante, em plena luz do dia. Poderia acontecer também em um hospital, com centenas de pessoas na fila, é uma forma de dizer para a cidade: «Nós estamos aqui, não importa se vocês pensam que nos derrotaram, nós ainda estamos aqui, no meio de vocês, alguns de vocês nos apoiam, ou pior, alguns de vocês nos protegem. Alguns de vocês somos nós». Por isso na entrada do hospital todos são revistados, os velhos, aqueles que entram de muletas ou cadeira de rodas, as mulheres e as crianças.

«Este edifício era um orfanato antes. Antes do EI, quero dizer. Pegaram todas as crianças, os meninos para treiná-los, mas também as meninas. Nunca se conhecem ao certo os números de guerra, os fatos se tornam histórias, as histórias de boca em boca são acrescidas de detalhes impossíveis de verificar e impossíveis de desmentir. Um diz que foram duzentas crianças no total, outro diz quatrocentas. No início elas eram educadas aqui dentro, disso temos certeza. O orfanato foi ocupado pelos professores do Daesh,

---

14   *Shish tauk* é um tradicional kebab de frango marinado, prato típico da cozinha do Oriente Médio.

A PASTINHA AZUL   101

e onde hoje visitamos os pacientes havia as escolas corânicas, e ali
fora, na pracinha, onde agora estão as barras, faziam exercícios
físicos antes de levar os meninos aos campos de treinamento propriamente ditos. Quanto às meninas, as menores eram doadas para
as famílias do EI, as maiores dizem que viravam escravas sexuais.
Não me faça pensar nisso.»

Naquele dia, o dia do nosso encontro, no hospital do doutor
Firas chegou uma mulher com um embrulho nas mãos, um menino.
Dera à luz pouco antes que estourasse a guerra e não tinha leite
porque sob bombardeio não vão deixar para você o leite em pó do
lado de fora da porta. Eu não pensava nessas coisas antes de ter
um filho. Se você está em Londres, em Roma, em Chicago ou em
Tóquio olhando as imagens dos telejornais, com os números que
rolam sobrepostos e as declarações do comandante de plantão e
dos políticos locais, você não fica se perguntando: mas como faz
uma mãe que não tem leite para alimentar um recém-nascido
debaixo de bombas e granadas? Você não se pergunta a respeito,
mas a resposta é fácil. Não alimenta. E seu filho morre de fome.

A mulher estava chegando do campo de Hamam al Alil, abriu
o embrulho e dentro havia um bebê de sete meses. Não pesava
nem três quilos. A cabeça do menino era do tamanho de um punho
fechado, tinha um rosto encovado, a pele enrugada como a de
um idoso, e os olhos sempre abertos, arregalados, e não emitia
nenhum som, só uma espécie de chiado, que era a respiração
saindo da boca minúscula aberta, como um passarinho sobre um
galho pedindo comida para a mãe. O seu rosto que dizia: «Estou
morrendo de fome».

«Quando criancinhas desnutridas morrem, as mães parecem
aliviadas», disse Firas, «e como não entender uma mulher que viu
seu filho se apagando dia após dia porque não podia alimentá-lo?
Como não entender que se sinta aliviada? É a guerra.» E se trancou
no ambulatório com a mãe e o bebê. É a guerra, diz.

Eu, porém, não me acostumo com isso.

Loris é cirurgião. Chegou a Mossul vindo da Itália no início da ofensiva para coordenar a assistência médica da sua organização, primeiro na parte oriental e depois na parte ocidental da cidade. Mudava-se com os seus à medida que a batalha mudava de lugar. Porque Loris e os seus são assim, tentam encurtar a distância entre os feridos e o tratamento. Montam hospitais e centros de estabilização nos lugares de onde os outros em geral fogem. Faz mais de vinte anos que trata dos doentes de guerra ou das áreas do mundo onde se morre de fome, mas «Mossul», ele me disse, «foi a coisa que mais me marcou. A lembrança mais vívida dos meus meses em Mossul são as imagens das crianças mortas, queimadas, e a minha imagem, eu me olhando de fora com a camisa suja de sangue e me entregando. Pois é, o fracasso, é isso que não te dá paz, na guerra. O fracasso depois de uma tentativa de reanimar um rapaz que tem a idade do meu filho. Treze anos. Tinha saído despreocupado da mesquita, um dos primeiros dias de oração após a libertação do seu bairro, e a mesquita foi atingida por uma granada lançada de um drone. E você tenta de tudo, mas não consegue, e desiste. E a única coisa que você pode fazer é dar um abraço apertado no enfermeiro que está ao seu lado, no médico com quem divide o quarto e que desistiu junto com você, você sabe que partilha com ele um peso indizível, o de precisar escolher quem atender antes e quem não atender mais. Nos dias dos massacres essa era a norma. Em linguagem técnica chamamos de *mass casualties*, acidentes em massa, melhor dizendo, chegam dezenas de feridos todos juntos, você precisa olhar para eles rapidamente e escolher quem tratar primeiro. Eu me lembro de um dia em que a sala do pronto-socorro ao leste de Mossul estava ensanguentada como um matadouro e havia oito cirurgias que eram casos de vida ou morte, simultaneamente. Oito pessoas se agarrando à vida. Todas juntas».

«A escolha mais dolorosa», prosseguiu Loris, «foi suspender a reanimação de Mohammed. Um menininho de oito anos. Estava caminhando perto de sua casa, uma granada atingiu a construção e um fragmento quase invisível da granada entrou em sua têmpora. Chegou aqui com uma espécie de sorriso no rosto, eu disse a mim mesmo que aquele sorriso devia ser a expressão enviesada entre a dor e o silêncio de quem sabe que está morrendo. Ou talvez sorrisse porque a última coisa que tinha visto era a sua pastinha azul, que ainda carregava consigo quando chegou aqui.»

Loris falava e eu pensava naquele hospital, em 2013, em Mareea, no norte da Síria. Era abril, havíamos partido cedo de Kilis, na fronteira com a Turquia, direto para Aleppo e havíamos parado ali, naquele vilarejo com casas de tijolos, todas iguais, onde os rebeldes — na época ainda eram chamados assim —, vestindo roupas camufladas, mostravam a você os prédios com as paredes esburacadas pelos scud, os mísseis de curto alcance, e diziam que o Ocidente precisava ajudá-los, que não tinham armas, que a revolução — na época já não era chamada assim — precisava libertar o país da ditadura. Estávamos em Mareea, que tivera essa escola no meio da zona rural atingida poucos dias antes, e seis crianças tinham morrido na sala que dava para o pátio, e ainda havia exercícios de matemática no quadro. E, depois de ter visto essa escola, Zanah, a namorada de um rapaz de Aleppo com quem eu tinha partido da fronteira turca, me disse: «Vou levar você para ver onde tratamos os feridos, mas você não pode filmar a entrada porque já bombardearam o hospital, se descobrem onde estamos bombardeiam aqui também».

A primeira coisa que eu ouvi foi o grito de um menininho, em cima de uma maca coberta por um lençol cor de areia, um rapaz que o mantinha imobilizado pelos braços e pernas, e no chão havia sangue e ao lado havia uma mulher sentada que descascava batatas e as cortava e as colocava em uma bandeja redonda, e ao lado os equipamentos, todos desligados, porque não havia eletricidade e não havia sequer geradores, e esse menininho chorava porque havia sido atingido pelo fragmento de um morteiro, e enquanto eu olhava para ele passou atrás de mim uma maca transportada por dois médicos, que deviam ter pouco mais de vinte anos, e a maca estava coberta por um tapete e debaixo do tapete estava o pai. A maior parte dos médicos já havia ido embora, e aqueles como Loris, ali, já não podiam chegar.

Então Zanah me disse: «Nós também vamos a um posto em Aleppo». Passamos pela zona industrial e atravessamos quilômetros de prédios retorcidos, abertos, desmoronados, até que Zanah disse: «*Stop*». E havia uma espécie de lua vermelha escondida na coluna de um edifício, «Hospital», disse Zanah. Hospital, chegamos. O hospital era um porão escuro, e para entrar nele era preciso caminhar sobre detritos e caliças e dentro, entre as luzes de neon que funcionavam de modo irregular, estava o matadouro. Como dizia Loris.

A primeira coisa foi o sangue. Nas calças das pessoas em volta das macas, que não se entendia se eram médicos ou parentes dos feridos, pois tinham todos o mesmo aspecto, todos de chinelos e calças rasgadas e cabelos sujos e barbas por fazer e todos com alguma coisa em mãos para reanimar ou costurar ou desinfetar. E havia três macas, uma ao lado da outra, mas não havia tubo para todos. Em cima de uma das macas havia um corpo; uma das pessoas que usava chinelos em volta das macas levantou o lençol branco — branco e sangue — e cobriu o rosto daquele corpo, que era já o de um corpo morto. No chão pingava sangue, uma gota após outra, até se formar uma poça. O rapaz de chinelos moveu o lençol e eu vi que naquele cadáver faltava uma perna. No outro canto havia um médico e uma enfermeira com um lenço azul que

A PASTINHA AZUL

lhe cobria o rosto. Estavam curvados sobre um jovem, peito nu, vestindo jeans. Da virilha para baixo apenas o vermelho-sangue. Havia corpos em toda parte, estendidos no chão. Quando prestei mais atenção, percebi que entre aqueles corpos havia uma menina, com um macacão vermelho, os pés descalços e virada de lado, as mãos uma sobre a outra, a perna esquerda encolhida no peito como se ainda quisesse se proteger de algo, como se ainda tentasse se esquivar de um golpe. Em volta daquele corpo de menininha e atrás da sua cabeça havia uma poça de sangue; um homem passava sobre ela, desviando, um outro homem com um soro na mão caminhava como um zumbi; o corpo coberto de poeira branca, branco como os corpos retirados de um edifício quando uma bomba cai sobre ele.

Firas me disse que a coisa mais difícil por que já passou desde que acabou a guerra aconteceu durante a visita a uma prisão. Ele havia sido contratado por uma organização internacional para ir ao presídio de Hamam al Alil. Depois de longas tratativas, foram autorizados a visitar a prisão para verificar se havia medicamentos suficientes e quais eram as necessidades dos detentos. Dos detentos do EI, ou melhor, dos detentos suspeitos de serem filiados ao EI. Quando entraram, Firas e os agentes da Cruz Vermelha Internacional perceberam que não havia água. «Além de medicamentos e gaze, faltava água. Um cheiro, um fedor indescritível. Dezenas de rapazes empilhados nos dormitórios, trancados. Quando eles entenderam que eu era árabe e que era médico, mandaram para mim um rapaz, devia ter uns dezoito anos. Estava ali havia três meses, contou-me que o acusavam de ser do EI, mas garantia ser inocente e me disse ter sido torturado. De fato, ele apresentava hematomas e cortes e queimaduras de cigarros. Saía pus de algumas feridas, infectadas. Eu vivi em Mossul como todos, fui privado da minha liberdade, vi a minha cidade ser reduzida a uma grande prisão cheia de gente aterrorizada. E se ele tivesse sido realmente um miliciano? Se ele tivesse matado os meus vizinhos? Se tivesse implantado minas que fazem explodir crianças e mulheres e velhos que chegam ao hospital e de quem devemos amputar os braços e as pernas? Mas a guerra é assim.»

«Assim como?»

«A guerra é a dúvida.»

Firas me contou que daí tratou o rapaz, desinfetou suas feridas: «Sou um médico, é meu dever. Mas voltei para casa enraivecido».

Barbara, 37 anos, cirurgiã de uma ONG com missão em Mossul, agosto de 2017

Eu não sei o que me trouxe até aqui. Não fico me perguntando, não fico me perguntando sobre as tantas missões até agora. Digamos que aqui eu me sinto em casa. **Sinto-me menos em casa em Genebra ou em Bruxelas, durante as cúpulas dos líderes ilustrando relatórios com slides e vídeos — «Recomendo não mais de um minuto e vinte, um minuto e trinta», dizem, pois mais que isso o pessoal dispersa, eu penso: como você faz para contar a vida e a morte em um minuto e meio?** *A explicação que me deram é que serve para as redes sociais, que é mais eficaz, porque um vídeo de um minuto e meio pode viralizar, e todas as vezes que dizem «viral» me dá uma dor de cabeça e eu dou um soco na mesa, pensando que virais são as doenças, não os vídeos de um minuto e meio porque depois as pessoas se distraem. As pessoas não prestam atenção e pronto. Sinto-me mais em casa aqui, nos hospitais de campanha, no* TSP,[15] *no posto de atenção primária, e não nas reuniões com as assessorias de imprensa que precisam fazer as campanhas para os fundos. Eu sei que os fundos pagam nosso salário, mas quando volto das missões eu não consigo sequer ouvir pronunciar a palavra «advocacy», sinto urticária. Mas quem nós queremos enganar? Mas que «advocacy»? Não influenciamos mais ninguém. Não temos peso político, as pessoas não nos ouvem. Por isso me sinto mais em casa aqui, no meio dessa poeira e desses dialetos que eu não entendo, e, quando*

---

15   *Trauma stabilization point*, ponto de estabilização dos traumas na linha de frente.

olho para as mulheres em fila com os filhos desnutridos nos braços, trocamos um sorriso, e isso basta.

Sinto-me mais em casa aqui do que em Barcelona, onde moro. Quando volto para o meu apartamento, olho para o mar, abro as janelas, sinto o vento quente e a confusão das crianças embaixo da janela do quarto, e aquilo que uma vez já me foi familiar hoje me é estranho. Há um descolamento cada vez mais forte entre quem faz trabalho de campo e quem está fixo no escritório, não é uma novidade, claro. E talvez seja apenas que estou crescendo junto com o meu trabalho e quanto mais cresço mais penso que a única coisa viral é a indiferença. Estou em Mossul há três meses, a missão é canibal, você está aqui e tudo te devora, os olhos das mães que veem os filhos morrerem te devoram, os soldados que pedem suborno para dar segurança ao trabalho no hospital te devoram, devoram-te os corpos que você fecha nos sacos na frente dos parentes ou os que você fecha nos sacos sozinha porque não há ninguém para reconhecê-los. Tudo te devora, porque o tempo aqui é um negócio estranho, o tempo da guerra te devora e você se dá conta disso quando está sentada no escritório de Bruxelas, falando com alguém de um lugar qualquer por teleconferência, os microfones todos iguais na mesa em semicírculo, o projetor de slides e uma garrafinha de água com gás à direita e sem gás à esquerda, pois assim você tem escolha.

Bendita seja eu por poder escolher.

É aí que você percebe que a guerra te devorou. Porque você já não tem paciência para escutar ninguém.

O tempo em uma missão é medido pelas esperas. O hospital de campanha, por exemplo, é assim, você está sentada no chão, joga gamão ou dama, que para essas coisas a língua é universal, você está de pés descalços, você se diverte apoiada em uma coluna tentando seguir a sombra que se move com o tempo e daí de repente um carro freia violentamente na frente do portão, um homem abre a porta com a filha nos braços e grita. E você não entende, e os segundos que separam aquele grito da tradução de Ahmed, o nosso motorista, que chega logo em seguida, parecem intermináveis, e aquele pai diz que estava em casa, e os soldados tinham garantido que o bairro estava seguro, que não havia mais perigo, só que em vez disso chega o baque de um morteiro e ele olhou em volta, a parede destruída, o sangue, a filha ferida. Ajudem-na, por favor, ajudem-me, por favor.

E você pega aquele corpo e o coloca em cima da maca, pelas janelas do hospital de campanha entra uma luz belíssima. Era uma mesquita, ou melhor, ainda é. Mas hoje também é a nossa casa. Dormimos aqui, comemos aqui, nos lavamos aqui. Aqui tratamos as pessoas, quer dizer, nós as estabilizamos e então as mandamos para os hospitais. Supondo que cheguem lá.

Chegam muitas crianças assim, que gritam, transportadas pelos pais de chinelos e com os pés sujos de sangue, que gritam mais do que elas. Não há tradução para aqueles gritos, para as mãos de um pai que bate no rosto, enquanto a cabeça vai para a frente e para trás, tudo fala a mesma língua. Chama-se desespero. Pais que acreditavam ter se salvado da batalha e em vez disso são alvejados por um morteiro em uma zona segura. A menina foi atingida por um estilhaço no rosto, alguns no braço. Você rasga as roupas, abre a camiseta, sangue vindo do peito. Um estilhaço ali também. Esperamos que não tenha atingido órgãos vitais. Os olhos? Não, os olhos por sorte estão bem. Diferente daquele menino que outro dia chegou aqui sem o nariz. Morteiro, estilhaço, o nariz que salta, o rosto destruído e queimado e a mãe que não derramava uma lágrima, sorria. Ahmed, o motorista, me disse que a mãe ficava repetindo para o menino: «você é lindo, habibi, meu amor, você é o meu menino lindo».

Tubos, seringa, morfina. O que você pode fazer? Você estabiliza e espera que fique tudo bem até que chegue ao hospital, aquela menina de cabelos pretos vivíssimos, junto ao pai com os pés sujos de sangue.

E ainda há os momentos em que você precisa escolher, pois não chega um ferido de cada vez, chegam seis, sete e você só tem tempo de *fazer uma estimativa rápida das possibilidades de sobrevivência, o tempo canibal, que eu dizia. Você olha os feridos, faz uma avaliação rápida de quem tem mais possibilidades de sobrevivência e tenta cuidar de todos, claro, mas de uns mais que de outros. Você pelo menos espera que alguém ali não termine em um saco preto, com uma tarja branca grudada e um nome, se tudo correr bem. E chegam crianças de quem você precisa amputar um braço ou um pedaço de perna. Para mim, mesmo depois de anos, amputar crianças é o que há de mais difícil.*

Desde os tempos de Haiti, depois do terremoto. Havíamos equipado uma escola maternal, transformando-a em hospital. Era muito triste operar e amputar as criancinhas em meio a desenhos do Mickey Mouse grudados na parede. Chegou um menino que havia sido prensado entre as paredes de sua casa, tinha um ferimento muito profundo perto da virilha, mal cicatrizado, que tinha infeccionado. Nós limpamos a ferida, esperamos, mas nada. Depois de dois dias cortamos a sua perna, caso contrário corria risco de morrer. Durante os dias seguintes eu observava aquele menininho, com sua mãe e seu pai ao lado, e tinha ânsia de vômito. Enfim, vejo mortos e feridos todos os dias, mas as crianças amputadas que não podem mais correr atrás de uma bola ainda me dão vontade de me trancar no banheiro, abrir a água da torneira e chorar e vomitar.

VENCER A GUERRA E PERDER A PAZ

A luz é aquela das primeiras horas do amanhecer, pequenas sombras se movem em direção à parte ocidental de Mossul. Parecem fantasmas. São mulheres e crianças. Puxam carrinhos de madeira cambaios. Os menores vacilam, os maiores os incitam a seguir adiante, uma menina, sete, oito anos no máximo, puxa um carrinho três vezes maior do que ela, exausta. Tem as pernas finas como dois palitos de madeira, calça dois pares de meias, um sobre o outro, para manter os pés aquecidos. É possível vê-la tremendo de longe. De vez em quando para o carrinho e se aproxima dos escombros, procurando entre a poeira alguma coisa para pegar, com uma tesoura enferrujada nas mãos. Mas se detém. Talvez por medo, talvez por vergonha. Os demais vão em busca de cobre e alumínio, para no fim do dia vendê-los por quilo em troca de uma ninharia. Alguns se dirigem para as edificações destruídas pelos bombardeios, também elas vencidas, derrotadas. Os maiores se movem ágeis sobre os destroços, escalam os restos de tubulação, sobem os andares de casas abatidas pelas bombas, centenas, que arrasaram a cidade velha e com ela séculos de história. Procuram roupas, pratos, ferramentas velhas, calçados, os mais otimistas esperam encontrar joias e objetos eletrônicos. Movem-se todos no ar rarefeito da manhã. Não falam. De suas sombras saem apenas sussurros.

Os poucos homens adultos na cidade velha voltaram para avaliar os estragos, gritam com as crianças que são chacais, ameaçando-as com bastões de pedaços de ferro: «*Haram, Haram*», é proibido, vão embora. E as crianças saem de lá, esgueirando-se para a casa seguinte, com chaves de fenda e alicates nas mãos.

Caminham em grupo entre os restos do *souk* de Bab al Saray, o antigo mercado da cidade velha de Mossul, reduzido a uma pilha de escombros. O teto desabou, as portas estão retorcidas, os estoques de comida foram saqueados ou estão espalhados no chão. Em algumas paredes ainda estão pendurados os *niqab* das vitrines e a tabela de preços com o quilo da carne ou do arroz. Há fileiras de edificações de três andares reduzidas a seu esqueleto, erguem-se por quinze, vinte metros. O silêncio é quebrado pelo barulho dos ferros carbonizados que caem dos tetos. Um som que parece um coro. Lembra que a guerra esteve ali, vive, não vai embora.

Caminho pelos becos do mercado com Mahmoud, um amigo sírio, que me guia pela guerra que houve. À nossa direita, em um monte de pedras que devem já ter sido um telhado, um homem tenta medir as paredes. Fico me perguntando como ele pode ter certeza de que aquela é realmente a sua casa. A destruição confunde, e a desorientação nunca é somente física. Pelos restos do mercado de Mossul, o cheiro de especiarias enche o ar. Cardamomo, cúrcuma, cominho, cravo-da-índia, cheiros que se acumulam nas manchas de pó laranja espalhadas pelo chão, fora dos sacos de temperos abertos e meio derramados. E então, de repente, um corpo. O fedor de um cadáver que ainda está ali, após meses. É uma menina. Alguém a cobriu com um lençol rosa e colocou ao seu lado uma boneca e um ursinho de pelúcia. Está estendida no chão, na cozinha de uma casa. Em uma das duas paredes, ainda intacto, um relógio parado em duas e quinze preso a um papel de parede de figuras geométricas brancas e vermelho-carmim. Mas um pouco desbotadas. O corpo da menina está deitado aos pés de um sofá e ela tem as mãos unidas e as pernas perfeitamente paralelas, está envolta no lençol como se alguém tivesse preparado o corpo para levá-lo embora, mas não tivesse tido tempo de fazê-lo. Eu me pergunto como morreu, quando. Que dia era quando aquele relógio marcava duas e quinze, se eram

VENCER A GUERRA E PERDER A PAZ

duas da tarde ou da manhã, se o primeiro-ministro al Abadi já havia declarado a cidade libertada, se era filha de um membro do EI, se tinha ficado presa com sua família, obrigada a seguir os milicianos e usada como escudo humano, se alguém a matou deliberadamente, uma execução e, se sim, por quê. Uma vingança, um erro ou uma retaliação dos soldados que entraram na cidade. Por que ninguém depois de tantos meses teve piedade e lhe deu uma sepultura? O corpo daquela menina me dá mais pavor do que dezenas de cadáveres abandonados pelas ruas durante a guerra.

Diante daquela menina, mãos e pés amarrados e morta perto do seu ursinho de pelúcia, sinto-me desesperadamente sozinha.

Enquanto olho para ela, penso no corpo de uma outra menina que eu vi um ano e meio antes, em Sirte, na Líbia. A guerra estava terminando, nós passávamos o tempo entre a linha de frente e o hospital de campanha que ficava a poucas centenas de metros do front. As últimas crianças a chegar eram filhos de milicianos. Havia alguns nigerianos, muitos tunisianos, uns poucos líbios. Naquele dia eu tinha conhecido Abdalh Ahmed, um jovem soldado treinado pelos americanos para desativar as minas das ruas. Queríamos nos aproximar o mais que pudéssemos da primeira linha de frente, mas as tropas líbias estavam céticas, não porque fosse perigoso, mas sim porque a regra de combate na guerra em Sirte era taxativa: «Não faremos prisioneiros». Ou seja — nas palavras de um soldado que mal tinha vinte anos, Mofht Ali —, «aqueles cães do EI a gente mata tudo, não vai deixar nenhum vivo». E foi mais ou menos o que fizeram. Abdalh nos levou com ele até o front, um retalho de cidade ainda a ser retomado, e todas as primeiras páginas dos jornais se encheriam de loas à coalizão que havia retomado a primeira das três capitais do Califado. Ele apontou para uma rua, aberta. «Três dias atrás estávamos avançando naquela direção.

Uma mulher e um menino tentaram alcançar a pé a nossa posição, mas um atirador do EI acertou a mulher, matando-a. O menino ficou ao lado da mãe morta e nós não pudemos fazer nada. Não podíamos ir na direção dele porque dar dez passos significaria ir ao encontro da morte certa. Teríamos nos tornado alvo dos seus atiradores. Deixamos o menino lá. O que mais podíamos fazer? Se nos aproximássemos seríamos atingidos. Ou nós ou eles. Como se faz?»

Naquele mesmo dia, Khaled Zowbat, o motorista da ambulância, chegou ao hospital de campanha gritando. Tinha três crianças consigo. Um miliciano se explodiu e as crianças ficaram feridas. O único menino estava queimado em toda a parte superior do corpo. Os seus gritos pareciam chegar de um outro mundo. A menina maior era quem estava em melhores condições, queria comer. Eu procurei alguma coisa entre as caixas em meio às camas, levei uma banana para ela. Eu me lembro da raiva, da dureza com que ela me olhou. Da sua rigidez.

Eu deixei a câmera sobre um móvel, ao lado do soro preso por fita adesiva e dos bisturis e gaze largados no meio da poeira. Eu era a única mulher naquele hospital e pensei que ela precisava ser lavada. Ainda hoje, quando fecho os olhos, dois anos depois, eu me lembro com precisão do odor que emanava do seu corpo desnutrido; ela me contou ter comido apenas temperos dissolvidos em água por duas semanas, sob bombardeio. Apertava minha mão com uma força que cravava as unhas na carne. Ainda me pergunto se ela estava segurando, se era um aperto de dor, um grito de ajuda ou se precisava simplesmente me machucar. Enquanto eu lavava as suas costas, os cabelos crespos e sujos roçando meu rosto, pensei outra vez em meu filho. Que tinha na época pouco mais de dois meses. Quem sabe hoje já tomou banho, pensei, talvez o hidratante tenha acabado. Espero que esteja tudo bem em casa, e que ele coma.

VENCER A GUERRA E PERDER A PAZ 115

A outra menina estava deitada em uma maca, parada, imóvel. Olhava para o teto fixando um ponto ao acaso, sem mover o pescoço sequer um milímetro. Não emitia nenhum som, não respondia a nenhum estímulo. Tinha longos cabelos negros e os olhos claros, um moletom azul com ursinho marrom, a calça felpuda rasgada. Os médicos trocaram um olhar preocupado, depois resignado, e um dos médicos, Youssef, passou a mão na testa dela. Eu entendi que era uma espécie de bênção. Com um aceno de cabeça, indicou ao outro médico que se ocupasse de outros feridos. A menina morreu um pouco depois.

«Vimos uma mulher caminhar em nossa direção, com um menino nos braços. Nós lhe dissemos que a ajudaríamos a sair, que salvaríamos ela e as suas crianças. Pedimos que ela nos entregasse o menino e abrisse a coberta que a envolvia para mostrar que não tinha cintos explosivos. Ela se aproximou, estendeu os braços para nos dar o menino e vimos o cinto. Explodiu-se. Matou quatro dos nossos e os civis que estavam com ela, ainda feriu uns vinte homens, eu entre eles», disse-me Mofth Ali, o líbio de vinte anos, quando lhe perguntei por que não havia perdão para as famílias do EI, por que não deviam torná-las prisioneiras. Por que, enfim, matavam todos.

Diante da sua história, ao pensar na imagem da mulher, captada por um telefone qualquer de um dos soldados, com a sua *abaya* preta, uma bolsa no antebraço direito e uma coberta rosa entre as mãos, que carregava um menino para atrair a piedade dos soldados e pedir para ser salva, diante da imagem daquela mulher que depois se explodiu, eu pensei que não havia palavras apropriadas para explicar. Eu sentia que havia uma parte de mim pronta para compreender o jovem Mofth Ali: «as mulheres e as crianças, quando se explodem, são tão perigosas quanto os milicianos. É uma aposta para ver quem sobrevive: ou nós ou eles».

Nós e eles: talvez a guerra seja isso.

Era dezembro em Sirte quando a guerra terminava e é dezembro também no oeste de Mossul; observo o ursinho de pelúcia e a menina sob o relógio que marca 2h15. Um homem que caminha com seu filho por sobre os destroços dos becos da cidade velha chega atrás de mim enquanto ainda estou parada, imóvel tentando entender como e quando ela pode ter morrido. «Aqui havia as famílias de *foreign fighters*», diz, como se tivesse lido os meus pensamentos, «eram russos, quirguizes, turcos, tunisianos. Você não verá ninguém vir atrás dos vivos, imagine dos mortos»: Younes, é esse o nome dele, ficou na cidade velha até os últimos dias de combate, move-se com familiaridade no labirinto das ruas, onde um tempo se vendia peixe e os seus vizinhos tinham lojinhas com frangos. Sabe quem morava onde, quem era responsável pela segurança, a origem de cada família de estrangeiros. Ele sabe em quais edificações estavam os estoques de explosivos, e que os explosivos ainda estão lá.

«Pode me seguir», ele diz, parece satisfeito, como quem guarda um segredo precioso para os outros. A casa em que entramos havia sido um laboratório de bombas. Há cabos espalhados pelo chão, detonadores, dinamites, botijões de gás cheios de explosivo, pregos, telefones celulares. E, em meio a tudo isso, uma saia de menina, vermelha com bolinhas pretas; perto de uma boneca.

«Essas eram as casas dos líderes», continua Younes, «aqui ficava o turco que construía as bombas e ao lado o russo que distribuía as porções de comida e lá ainda o argelino dos cintos explosivos.» Eu deixo que ele fale, conte sobre o medo da chuva de bombas, o medo pela mulher e pelos seus filhos. Sobre a sensação de impotência e a fome. «Mas você», eu pergunto, «tentou fugir?» «Não», responde, «eu fiquei com eles, porque no fim, nas últimas semanas de combate, o nosso medo era o deles, as nossas orações eram as deles, e eles, como nós, choravam.»

Nós e eles, diz Younes. Nós e eles é a necessidade de manter distância de algo a que provavelmente já se pertenceu por bastante tempo.

Younes me leva até a mesquita, que foi o lugar das últimas orações e das últimas lágrimas, mas foi sobretudo o depósito dos estoques de arroz e cereais. O chão é um tapete de grãos secos. Pergunto-lhe por que aquela comida estava ali, já sabendo da resposta. «Eram eles que a distribuíam, diziam que nós poderíamos viver cercados ainda por meses.» Mais uma vez, eles e nós. Younes tira uma sacola do bolso direito, enche-a de arroz, fecha a sacola com um nó duplo, e com um aceno de cabeça faz sinal para que seu filho siga adiante. «Sou um morto que caminha», diz, assim que o rapaz dobra a esquina, «não me deixarão aqui por muito tempo. Eles sabem o meu nome, sabem que a minha família ficou na cidade velha até o fim da guerra. Eu acordo de manhã e me pergunto apenas quando virão me pegar.»

Younes então nos leva para o lugar onde ficava sua casa, parece ter sido uma casa modesta, em cima de uma colina. Na frente está o rio Tigre, à direita a vista alcança toda a cidade. Ele faz questão de me mostrar as gaiolas em que criava frangos e galinhas. Também mortos, diz.

«Você deve ter sido abençoado no passado, daqui a sua vista dominava a cidade», tento extrair dele a narrativa de uma outra Mossul, de uma Mossul anterior ao EI.

«A minha família era simples e tradicional. Vivíamos com pouco e sempre respeitamos muito o Corão e as suas leis. Vocês descrevem o EI como um monstro que fez toda uma cidade se tornar cruel, essas leis já regulavam a nossa vida mesmo antes.»

Younes me coloca diante de uma versão encontrada muitas vezes em Mossul, uma versão cheia de contradições e pontuada por alguma verdade.

Quando a libertação de Mossul teve início, todos os civis em fuga queriam mostrar distância e eram pródigos em detalhar a crueldade das punições e das execuções sumárias em praça pública; os homens cortavam as barbas em prol das câmeras, as mulheres, convidadas pelos soldados do exército iraquiano, faziam fila para tirar o *niqab* que lhes cobria o rosto, em um instantâneo de liberdade bastante patético, para ser sincera. As crianças seguravam trapos brancos amarrados em volta de pedaços de pau, bandeiras artesanais para dizer: «Somos inocentes». A voz, em jogral, que saía de Mossul era sempre a mesma: «Não tínhamos entendido, eles não eram assim cruéis no começo, somos apenas vítimas».

Parecia o nosso pós-guerra, todos eram de repente antifascistas e cada família tinha pelo menos um *partigiano* morto ao longo da linha gótica, sacrificado para libertar a Itália de Mussolini, e na Alemanha os soldados de Hitler pediam indulgência geral porque haviam apenas obedecido ordens, ignoravam a «solução final».

Nas conversas com os moradores de Mossul há sempre um ponto que gera um curto-circuito, um momento em que quem não tinha visto nem ouvido acaba desistindo.

«Younes, por que vocês não se rebelaram?», eu pergunto. Sabendo que as revoltas funcionam assim e que disso dependem o sucesso e a duração de uma ocupação: as pessoas estão com você ou contra você. Se estão com você, a missão está cumprida, a ocupação vai durar, o Estado Islâmico será baseado no consenso. Era a conclusão no primeiro ano e meio de ocupação, sabíamos todos que a guerra era questão de tempo: «Mossul só cairá antes se os mosulawi se rebelarem», comentávamos ao ler as notícias.

Mas os mosulawi não se rebelavam.

E, então, eu lhe pergunto: «Younes, por quê?».

VENCER A GUERRA E PERDER A PAZ

«Porque tínhamos medo», ele diz, previsivelmente.

«E por que vocês não tiveram em 2014? Já estava claro quais seriam as consequências, o EI não era famoso no mundo por ser um exército de benfeitores, sabiam como agiam e o que vocês iriam encontrar. Mais uma vez, por quê?»

«Porque o que sofríamos antes não era assim tão diferente do que sofremos com eles.»

A verdade é que o EI estava em Mossul muito antes de junho de 2014, ele a controlava de modo distribuído e organizado. Teve outros nomes, mas o mesmo rosto, como geralmente acontece nas prolongadas ofensivas de grupos fundamentalistas.

Daniele Rainere escreve em um artigo intitulado «A falsa inocência de Mossul»:

> Quando os americanos em 2008 conseguiram estabilizar o Iraque e fazer desabar o número mensal de ataques e atentados, somente uma região permaneceu *off limits*: Mossul. Enquanto no feudo do Estado Islâmico, a província ocidental de Anbar, os clãs locais se rebelavam contra as prescrições dos islamitas, e enquanto a mesma coisa acontecia em outras regiões com altíssima infestação — a zona rural ao sul de Bagdá, ou a província de Diyala —, Mossul permaneceu totalmente alheia ao fenômeno: não houve insurreição local contra os extremistas, não surgiram milícias armadas locais para combater o Estado Islâmico. [...] Mossul permaneceu tão forte, no mapa do Estado Islâmico, que em 2010 o emir local Abu Bakr al Ansari tornou-se o emir de toda a organização com o nome de Abu Bakr al Baghdadi.[16]

---

16 Daniele Ranieri, «La finta innocenza di Mosul», *Il Foglio*, 8 nov. 2016.

A Mossul anterior à Mossul do Estado Islâmico era uma cidade em que nós e eles éramos a mesma coisa. Younes sabe disso, mas não diz, como sabe que a sombra da conivência e da suspeita cai sobre ele do mesmo modo que cai sobre todos os sobreviventes das últimas semanas da batalha. Sabe que não haverá trégua para as famílias dos milicianos como não haverá trégua para os homens adultos que sobreviveram aos bombardeios de junho e julho.

«Como era aquela Mossul não tão diferente antes do EI, Younes?»

«Era uma cidade de gente abandonada e sofrida. Não éramos apenas sunitas, éramos considerados os homens de Saddam. Éramos sunitas que precisavam ser punidos.»

Mas o que havia acontecido no entorno, o que tinha ocorrido nas províncias vizinhas? Por que o esquema ocidental de enfrentar a dissidência interna e exterminar a ameaça fundamentalista não tinha funcionado? Se nem as alianças corretas e a revolta interna funcionam, qual é a solução?

A história da província de Anbar é crucial para compreender o estado de ânimo atual dos sunitas do pós-guerra, para entender os cenários futuros, que já estão diante dos nossos olhos e trazem consigo a cosmética festiva da libertação.

Carter Malkasian, consultor civil no Iraque e Afeganistão, publicou em 2017 um livro importante para entender como, em dez anos, a província de Anbar se transformou de coração da resistência sunita contra os americanos em aliado da estratégia anti-insurreição do exército estadunidense, para depois voltar a ser o coração fundamentalista do EI: *Illusions of Victory: The Anbar Awakening and the Rise of the Islamic State*.[17]

---

17   Carter Malkasian, *Illusions of Victory: The Anbar Awakening and the Rise of the Islamic State*. Oxford-Nova York: Oxford University Press, 2017.

VENCER A GUERRA E PERDER A PAZ   121

A insurreição na região de Anbar começou em 2003; as tropas americanas tinham acabado de invadir o Iraque. Após o rápido colapso das instituições e do exército no país e o início de um violento processo de desbaathificação, isto é, a remoção de membros do partido Baath dos órgãos públicos, a região de Anbar (antigo centro de apoio a Saddam Hussein) tornou-se o centro da resistência sunita às forças americanas. Resistência dominada pela Al-Qaeda e pelo seu líder, o jihadista jordaniano Abu Mussad al Zarqawi, que, nas palavras de Maokasian, «inseriu-se na sociedade de Anbar e obteve o apoio popular graças não apenas à sua política islâmica e à posição antiocupação, mas também ao seu acesso a dinheiro e armas, que obtinha do mercado negro e do financiamento internacional. A mensagem da Al-Qaeda no Iraque era clara e simples: expulsar os Estados Unidos e estabelecer um Estado Islâmico no Iraque».[18]

Após dois anos, no início de 2006, estava claro que as estratégias americanas no Iraque não estavam funcionando, as perdas dos Estados Unidos aumentavam, a Al-Qaeda era solidamente apoiada em Ramadi, e em Bagdá estava em curso uma violenta guerra civil depois de, no fim de fevereiro, homens de al Zarqawi se explodirem na mesquita de al Askari, a famosa mesquita de ouro de Samarra, um dos lugares mais sagrados para os xiitas, onde estão guardadas as tumbas de dois dos doze imãs mais venerados pelos xiitas. Al Zarqawi foi morto durante um ataque aéreo conjunto feito por forças estadunidenses e jordanianas em 7 de junho do mesmo ano em uma casa perto de Baqubah; apesar da sua morte — a morte do líder —, a estrutura e a disseminação da Al-Qaeda não foram afetadas. No outono de 2006, o *Washington Post*, depois de ver um relatório confidencial do exército sobre a

---

18   Tradução da autora.

situação iraquiana, publicou um artigo intitulado: «A imagem de Anbar se torna mais nítida, e mais triste».[19]

As cinco páginas do relatório focavam as condições da província que contava com 1,2 milhão de pessoas, a maior parte delas em cidades violentas como Falluja, Haditha, Hit, Qaim e Ramadi. Segundo o relatório[20] — escrito pelo coronel Peter Devlin, um alto funcionário da inteligência militar da Marine Expeditionary Force —, o exército já não estava em condições de lidar com a insurreição local no Iraque e de se opor ao crescente apoio à Al-Qaeda. A minoria sunita iraquiana estava «envolvida em uma luta diária pela sobrevivência», de um lado amedrontada pelos pogroms da maioria xiita, e de outro cada vez mais dependente da Al-Qaeda no Iraque, sua única esperança contra a crescente influência iraniana na capital. As tropas americanas — lia-se ainda — «já não são capazes de derrotar militarmente a insurreição de al Anbar». A população sunita foi descrita como desesperada, empobrecida e assustada, vítima de retaliações em um país onde o contrabando de petróleo estava fornecendo milhões de dólares para a Al-Qaeda e as políticas corruptas e clientelistas estavam, por outro lado, enriquecendo os funcionários xiitas do governo em Bagdá.

O governo iraquiano continuava a não pagar os salários dos funcionários sunitas de Anbar, enquanto as instituições dos vilarejos eram infiltradas capilarmente pela Al-Qaeda, agora parte integrante do tecido social no ocidente do Iraque.

---

19 <http://www.washingtonpost.com/wp-dyn/content/article/2006/11/27/AR2006112701287.html>.

20 <http://www.washingtonpost.com/wp-dyn/content/article/2006/09/10/AR2006091001204.html>.

No entanto, naquele ano ocorreu algo inesperado: alguns líderes tribais de Ramadi se posicionaram contra a Al-Qaeda, criando as próprias milícias.

O mais famoso desses líderes foi o xeque Abdul Sattar, da tribo Abu Risha, que em 14 de setembro de 2006 anuncia a formação de Sahawa al Anbar (ou «*Anbar Awakening*»), o «Despertar de Anbar». Embora publicamente os líderes tribais sustentassem o desejo de se opor à violência da Al-Qaeda no Iraque, as razões profundas dessa oposição derivavam do fato de que a Al-Qaeda havia ameaçado a hegemonia e o controle sobre as atividades de tráfico. Uma razão definitivamente utilitária.

Os americanos decidiram apoiar militar e economicamente o *Anbar Awakening*, treinando e financiando os líderes tribais sunitas e as suas milícias, rebatizadas de «*Sons of Iraq*», filhos do Iraque. No curto prazo, o despertar sunita financiado pelos americanos deu os seus frutos: os líderes qaedistas deixaram as cidades e se refugiaram no deserto ou nos vilarejos distantes. Na metade de 2007, a calma na província de Anbar era surreal se comparada à guerrilha de poucos meses antes.

Mas a estabilidade durou pouco. A ilusão de Anbar, para citar Malkasian.

Após a retirada das tropas americanas ter se concluído no final de 2011, o governo iraquiano colocou em ação uma sistemática política antissunita; o primeiro-ministro al Maliki mandou prender os chefes políticos sunitas, entre os quais o ministro das Finanças iraquiano Rafi al Issawi, natural de Anbar.

A partir de 2011, os líderes da Al-Qaeda no Iraque aproveitaram a onda da crise na Síria. A guerra civil síria se transformou rapidamente em um conflito de milícias estrangeiras; parte dos milicianos qaedistas que combatiam na Síria provinha do Iraque. A região de Anbar começou a ser usada como ponto de partida das incursões dos rebeldes em território sírio e esse período coincidiu com a retirada dos soldados americanos do Iraque. As províncias mais distantes de Bagdá — Ninawa, Anbar — permaneceram de fato excluídas do controle do governo central para se tornarem a base operacional dos grupos qaedistas.

Quando os sunitas iraquianos tentaram protestar pacificamente contra o seu isolamento nas manifestações de 2012 e 2013, os participantes foram violentamente agredidos e os protestos reprimidos pelas forças de segurança do governo.

A fúria do EI, desencadeada em 2014, recebeu apoio inclusive das tribos sunitas, as mesmas usadas para conter a Al-Qaeda em 2008.

Durante anos, a estratégia americana na região de Anbar foi tida como um exemplo de contrainsurreição: trabalhar a favor de uma aliança com as tribos locais contra um inimigo comum. Uma série de alianças perigosas e caras para atingir rapidamente os objetivos.

O risco que se corre é o de pagar e treinar milícias que podem se voltar contra os mesmos poderes a que, até o dia anterior, foram aliados: foi exatamente isso que se verificou no Iraque. O sucesso do EI em 2014 é o resultado de todos esses fatores. O treinamento, as alianças com os chefes das tribos, o dinheiro, nada conseguiu tornar duradouro aquilo que era uma ilusão. Um sucesso temporário e efêmero.

«O realismo no final da intervenção», diz Malkasian, «é quase tão importante quanto o realismo do início.»[21]

Vejo toda essa história diante de mim enquanto falo com Younes, a história de quem esteve com e contra. Distante e muito

---

21 Malkasian, *Ilusions of Victory*, op. cit., p. 56.

VENCER A GUERRA E PERDER A PAZ

próximo do jihadismo, aliado por abandono ou por ambição, por preguiça ou por raiva, covardia ou ignorância. Está tudo aqui, na minha frente, o salto mortal da história dos últimos quinze anos de vida iraquiana. Ele tem o rosto de um homem cansado e preocupado, um homem qualquer.

Cúmplice como tantos, vítima como todos.

Younes, na frente da sua casa, diante do rio Tigre, continua a recordar o que era Mossul antes do EI: «Era uma cidade onde os civis eram mortos impunemente, homens armados recolhiam das empresas locais os impostos para a jihad: as fábricas de tijolos, de cimento, as lojas de telefones, mas também os consultórios médicos e os mercados, todos. E os grupos armados manipulavam o sistema judiciário como queriam, aterrorizavam as pessoas. Eles sequestravam quem quer que fosse para obter um resgate. As regras do EI estavam aqui no meio de nós muito antes, debaixo dos olhos de todos, os ocupantes não podiam não saber, os americanos sabiam o que era Mossul, de que massa era feita a gente daqui. Se queriam limpar a cidade do fundamentalismo, eles erraram a estratégia».

Mossul, antes do EI, era simplesmente a cidade onde o EI estava crescendo, na sombra, onde os grupos armados fundamentalistas funcionavam já, de fato, como um Estado dentro do Estado. Construíam as próprias instituições, os próprios ministérios, os órgãos fiscais: sua própria burocracia generalizada. Quem recolhia os impostos chegava em plena luz do dia para fazer a cobrança, ninguém os prendia. Entravam, extorquiam, matavam, entre a inércia e o silêncio. «Pediam doações para a causa do Califado, aos comerciantes mais ricos pediam também 200, 250 dólares por mês.»

«E se não pagasse?»

«Se não pagasse corria o risco de ser espancado, punido, preso.»

«De novo, por que vocês não se rebelaram?»

«Houve anos em que um helicóptero americano podia parar aqui em plena escuridão da noite, em cima da sua casa, com um grupo de homens armados. As mulheres gritavam, no canto da sala, os homens eram vendados, encapuzados e levados. Prisões ilegais. Das torturas então, nem se fala. E depois houve anos em que você se levantava uma manhã e rezava para sobreviver a um carro-bomba. Por isso não nos rebelamos, porque não tínhamos alternativas.»

Um ano antes, em Trípoli, na Líbia, eu tinha feito a mesma pergunta que estava fazendo agora a Younes: «por que vocês não se rebelaram?». Na minha frente estava Salem, que quando combateu durante a revolução era pouco mais do que um adolescente e agora queria ser jornalista. Havíamos nos encontrado para um café, eu queria entender o que significava para um jovem viver na Líbia sete anos depois da revolução, depois de ter assistido, primeiro, aos fracassos políticos patrocinados por todas as ações que tinham contribuído para a deposição de Kadafi, depois ao vazio de poder, ao golpe de Estado, a uma nova guerra civil, a de 2014, e enfim ao país entregue nas mãos de bandos armados de traficantes e salafitas ultraconservadores aliados entre si. Eu queria entender por que, diante dos sequestros de ativistas e jornalistas e pessoas comuns, da prisão arbitrária por parte de grupos armados que mantêm submisso um governo que é fantoche da comunidade internacional, diante de uma economia colapsada, que vive de extorsões e mercado negro e tráfico de seres humanos, entender por que não se rebelaram.

Era junho. No mês anterior, em Trípoli, haviam ocorrido mais de cem sequestros e duzentos assaltos à mão armada. Eu pensava: consigo entender os mais velhos. Mas um jovem, que pegou em armas em 2011, combateu a sua revolução, perdeu amigos, irmãos,

VENCER A GUERRA E PERDER A PAZ 127

e viu sumirem uma após outra as esperanças daqueles dias, por que não reivindica o que lhe cabe? É só medo?

Quando chegou ao Hotel Haroon, onde nos encontraríamos, Salem ficava olhando em volta desconfiado, como se estivesse sendo seguido por alguém. Tinha 26 anos, queria exercer a minha profissão para tentar contar o que não se vê sobre a Líbia. Caminhar, falar, tomar notas, escrever e tentar fazer as notícias do país saírem de lá. Tentou usar uma câmera fotográfica e uma filmadora, mas os homens da milícia Nawasi tiraram-nas de suas mãos. É uma herança de Kadafi, ele me disse sorrindo.

«A revolução foi uma bolha, não se pode mostrar nada que não seja do agrado do poder. O importante é entender *quem* é o poder», ele me disse, atento para falar sempre em voz baixa. Tentou inclusive abrir um escritório com outros cinco conterrâneos, mas um deles foi sequestrado por uma semana. Um aviso, diz. Fecharam o escritório. Salem lutou em 2011, no cerco de Misrata, a batalha mais dura da revolução. Perdeu um irmão e um amigo atingidos por um morteiro. «Os morteiros enganam», ele disse. Sim, os morteiros enganam.

«Nem com Kadafi nós éramos livres, mas estávamos seguros. Eu me lembro disso da minha infância, que todos nos sentíamos seguros se não incomodássemos o *rais*.» Enquanto pronunciava essas palavras, Salem baixou o olhar, como se sentisse vergonha do seu desabafo, como se tivesse falado de um tabu, como se tivesse finalmente dado voz a um pensamento contido havia muito tempo.

«Você lutou pela revolução quando era um menino, atirou, matou porque reivindicava a sua liberdade, e agora: parou de querê-la? Por que vocês não se rebelam?»

«Eu penso que se estes são os efeitos do nosso sangue derramado, por que continuar arriscando? Nós combatemos em vão, por que deveríamos fazê-lo novamente? Para viver pior do que está?»

As palavras de Salem naquela colina voltam vivíssimas à minha mente, enquanto olho junto com Younes o horizonte da cidade sobre o rio, os detritos nas margens, e à distância, no distrito de Taqafah, a Grande Mesquita de Mossul, a maior da cidade, que antes se chamava «mesquita Saddam», em homenagem ao *rais*.

Não consigo culpar Younes, que provavelmente apoiou o EI, assim como não considerei Salem um covarde, aquele jovem líbio de 26 anos que, embora desejando uma vida mais digna, não lutaria mais para tê-la. Penso nessas vidas em que de vez em quando me é permitido entrar: «Ali ficava o meu quarto, ali a minha cozinha, ali o galinheiro, e ali a minha dignidade». Aquelas paredes, aquelas pedras, são o mapa de uma absolvição. «Minha vida está destruída, isso não basta para expiar as minhas culpas?», elas parecem lhe dizer naquela intimidade que se cria entre desconhecidos, quando um tem fome de ouvir e o outro necessidade de dizer.

E acho que não, que eles não têm nada a expiar, que o medo é uma punição suficiente.

Conforme o dia clareia, o barulho das máquinas de reconstrução vai preenchendo os vazios. O rumor dos guindastes, dos tratores e das escavadeiras substitui o silêncio lúgubre dos primeiros meses do pós-guerra, que tinha por sua vez substituído o rugido diário das bombas. Pelas ruas estão os proprietários das lojas e das casas, os grupos de voluntários, e há quem procura um dia de trabalho oferecendo-se para limpar casas e lojas da fuligem. «O governo não tem um plano de reconstrução e então eis-nos aqui, a recomeçar outra vez com as nossas forças, a chorar os nossos mortos sem a ajuda de Bagdá», me diz Youssef Bahhdi, 47 anos, proprietário de uma sala que tinha «seis metros de largura e quatro de comprimento. Um empório de gêneros alimentícios». Youssef tem uma fisionomia elegante, parece bem de vida. Supervisiona

VENCER A GUERRA E PERDER A PAZ 129

com severidade os rapazes que trabalham para ele: «Quero reabrir a minha loja, estas paredes são tudo o que me resta».

Um pouco mais adiante, Mahmoud frita falafel enquanto seu filho corta tomates e pepinos na lojinha da família. Os dois comércios ao lado do seu — um à direita e um à esquerda — estão destruídos; de sua parte, arrumaram no lado de fora uma mesa e um velho sofá, onde servem chá e café aos soldados que tomam conta do bairro ou aos moradores que vêm e vão avaliando os danos. Como decoração da loja, somente a placa empoeirada de uma marca de sorvete. «A vida recomeça pelas pequenas coisas», diz. As pequenas coisas são os copinhos sinuosos do chá, uma mesa retangular de madeira com duas cadeiras em volta, um sofá surrado e um barril de água que os meninos usam para se sentar enquanto ouvem as conversas dos adultos. A lojinha de Mahmoud fica na altura do portão ao sul do antigo mercado; às suas costas, um edifício imponente desabou pela metade, parece vivo, um monstro que teve meio corpo despedaçado por um golpe seco. Caíram as sacadas, os desvãos do teto se retorceram, os restos de chapas metálicas que ficaram penduradas nas paredes chacoalham ao vento e deixam ressoar pelo entorno o rumor das ferragens. O que de vez em quando é sinistro, outras vezes é somente melancólico.

Na praça em frente, o único sinal de intervenção do governo no pós-guerra: um semáforo recém-instalado, em perfeito funcionamento, que, com a sua alternância entre verde, vermelho e amarelo, dá à cidade destruída e imobilizada o único toque, embora grotesco, de cor.

Mahmoud não recebeu nenhum subsídio por aquilo que perdeu e foi atrás de arrecadar dinheiro, como todos, pedindo a amigos e parentes, para reabrir o seu negócio. «Hoje a cidade está dividida na metade, as pontes ainda estão destruídas, a leste de Mossul parece que nunca houve uma guerra, aqui, ao contrário, ainda temos mortos pelas ruas e os esgotos estragados. Não tem água, não tem luz. Espero que este pós-guerra não se transforme na enésima retaliação.»

O que é capaz de restituir aos sobreviventes das guerras a força para cozinhar falafel a poucas centenas de metros do fedor dos mortos? Quem dá a eles vontade de comer, de se reunir em volta de uma mesa, conversar, escutar?

A riqueza e a presteza de Mossul foram, sob a ocupação do EI, um componente fundamental da extorsão, uma parte decisiva das receitas que financiaram as operações e a gestão burocrática do grupo. Hoje, daquele tecido produtivo restam 8 milhões de toneladas de escombros, três vezes a massa da Grande Pirâmide de Gizé, segundo a ONU.[22]

O *Environment Programme*, das Nações Unidas, estimou que transportar os entulhos somente dez quilômetros para fora de Mossul custa aproximadamente 250 milhões de dólares. Mas o dinheiro na guerra serve para coisas mais urgentes e os entulhos — que estão cheios de substâncias tóxicas — vão parar nos cursos de água ou são abandonados ao longo das margens ocidentais do Tigre. Em meio a centenas de cadáveres. E então vai restar também isto entre as batatinhas e o falafel cozido nas lojinhas, enquanto crianças cortam tomates e pepinos: as doenças, as armas invisíveis, a terra entulhada de armas, de minas, de resíduos tóxicos que vão contaminar os campos e a comida, e assim os corpos das crianças, das mesmas crianças cujas mães sobreviventes hoje mostram para você: «Olha, olha como são bonitos». Sim, são bonitos, mas principalmente estão vivos. Ninguém sabe até quando.

---

22   <https://reliefweb.int/sites/reliefweb.int/files/resources/180320%20Mosul%20 Debris%20Management%20Workshop%20-%20Joint%20Press%20Relea- se%20-%20AR%20%281%29.pdf>.

Passaram-se seis meses do fim da guerra e no oeste de Mossul o tempo parece ter parado no instante de silêncio que se segue a um tiro de canhão. O silêncio dessa enorme câmara mortuária que foi uma cidade é quebrado por algum veículo que se move desviando das crateras feitas pelas bombas.

As pessoas por aqui sabem que a espera será longa, sabem que a reconstrução foi e é lentíssima em outras cidades do Iraque, é lenta em Ramadi, em Falluja, em Sinjar, libertadas do EI e ainda em ruínas. Estão destruídas infraestruturas fundamentais, além de lojas, escolas, hospitais, as centrais elétricas e as instalações de tratamento das águas.

Mossul foi atingida por 1.250 bombardeios. Apenas para a estabilização da parte ocidental da cidade são necessários 700 milhões de dólares, mais que o dobro esperado pelo Programa de Proteção das Nações Unidas para o Iraque. Porque a guerra foi feroz, dizem os chefes militares. Porque os civis eram um problema, dizem os soldados, com mais sinceridade. E, como era necessário dizer que a prioridade eram os civis, mas, ao mesmo tempo, era evidente a impossibilidade de terminar a guerra em prazos mais curtos sem um custo humano altíssimo, a escolha recaiu sobre o custo humano altíssimo.

Disfarçado de libertação.

Em novembro de 2017, Ibrahim al Jaafari, o ministro do Exterior iraquiano, falando na Terceira Conferência para o Diálogo no Mediterrâneo, disse que o Iraque precisa «de um novo plano Marshall para a reconstrução das cidades destruídas pelo EI», e depois acrescentou, enfatizando os esforços do seu país e as perdas sofridas na luta contra o terrorismo: «O mundo nos deve isso».

Mas o mundo político, instado a responder, barrou o pedido, talvez por saber da corrupção endêmica nos aparatos do Estado,[23] talvez pelas incertezas sobre a segurança, ou porque para os governos é sempre mais difícil explicar aos próprios eleitores o emprego de fundos em um Estado que já demonstrou ter fracassado gravemente.

O fato é que a administração Trump declarou que não tem nenhuma intenção de se encarregar da reconstrução do Iraque. «Como coalizão, não faz parte do nosso negócio construir ou reconstruir nações», disse em março o ex-secretário de Estado americano Rex Tillerson, acrescentando que os Estados Unidos estarão ao lado do Iraque, mas que o Iraque deve retomar a estabilidade por conta própria.[24]

«Dizem que bombardear era necessário, que não era possível fazer diferente para acabar com a guerra», diz Mahmoud da sua lojinha. «Dizem que precisaram bombardear tanto assim e usar todos aqueles mísseis porque de outra forma corríamos o risco de mais anos de terrorismo e morte e mutilação. Eu ouvi na televisão, há poucos dias, um comandante americano dizer bem isto: nós evitamos mais anos de morte e mutilações. E eu simplesmente não entendo, primeiro porque são anos que vivemos de terrorismo e depois porque hoje, em Mossul, para onde me viro encontro vestígios de morte e mutilação.»

---

23   O Iraque é o 166º entre 174 países na lista do índice de corrupção Transparency International. [Com dados atualizados de 2020, ocupa o 160º lugar, entre 180 países. (N. T.)]

24   Em uma conferência de doadores realizada no Kuwait em fevereiro de 2018, o Iraque pediu aos seus aliados uma contribuição de 88 bilhões de dólares para reconstruir o país devastado pela guerra, mas o primeiro-ministro al Abadi voltou para casa apenas com a promessa de 30 bilhões em créditos e investimentos.

VENCER A GUERRA E PERDER A PAZ

Quando fica escuro, no meio da tarde, o oeste de Mossul volta a ser habitado somente por um silêncio profundo. As crianças que zanzavam pelos escombros voltam para casa, as lojinhas fecham, os guindastes e as escavadeiras ficam estacionados para o dia seguinte. A Federal Police, que tem a tarefa de vigiar a cidade, faz as últimas rondas para se certificar de que não há civis, é perigoso demais — dizem — porque existe o risco de ainda encontrarem milicianos escondidos nas zonas mais periféricas. Até um mês atrás parece que havia um checheno, dizem os soldados nos checkpoints. Difícil dizer se é verdade ou se são lendas do pós-guerra.

Ibrahim tem quinze anos e seu irmão mais novo, Adnan, tem apenas dez. Voltam a pé para al Tanak, subúrbio na extrema periferia ocidental da cidade: o carrinho está cheio de alumínio e ferro, o dia foi bom.

Adnan tem as mãos e o rosto muitos sujos, nos pés dois sapatos diferentes, os olhos tristes e as costas curvadas pelo cansaço. Parecem pobres como parece a maior parte dos meninos que caminham em meio à imundície. Só que o pai de Ibrahim e Adnan era um médico, a família deles era bem de vida, mas depois veio a guerra e tudo acabou.

Quando o EI descobriu que o pai estava organizando a fuga para ele e sua família, matou-o com um tiro na cabeça: «Executaram quase todos os homens da vizinhança», diz Adnan, «inclusive nosso tio e os nossos primos mais velhos. Daí obrigaram as mulheres e nós a segui-los até uma casa onde posicionaram dois dos seus atiradores e ficamos lá por dias, até que o exército entrou para nos libertar».

O prédio ao lado daquele em que Ibrahim e Adnan foram usados como escudos humanos foi derrubado durante um ataque;

dentro estava metade da família deles, também usada como escudo humano. Os mortos civis, os danos colaterais.[25]

A guerra acabou no verão, e agora que caminho por Mossul o inverno é rígido. A contagem dos mortos não foi concluída, atravessar a cidade seis meses após as declarações de vitória significa ainda caminhar entre corpos sem vida, entre cadáveres de milicianos vestidos com cintos explosivos e cadáveres de crianças com seus bonecos estendidos ao lado.

Jeremy Konyndyk trabalhou de 2013 a 2017 como chefe da Agência dos Estados Unidos para o Desenvolvimento Internacional (Usaid). Comentando a política do seu país no Iraque, ele disse: «Vimos esse filme antes. Há um risco muito real se os Estados Unidos não investirem dinheiro na reconstrução, pois, tendo apenas vencido a batalha, perde-se a paz».

A história ensina, dizia Gramsci, mas não tem alunos. Não é a derrota do EI, serão as sementes do EI plantadas no terreno fértil de Mossul que vão determinar a estabilidade e o futuro do país. É o saneamento básico, a participação ativa na vida política, a segurança, as pontes, o mercado de Bab al Saraj, a reconciliação entre parentes das vítimas e parentes dos algozes o que vai garantir que a vitória declarada seja uma vitória real. Caso contrário, é claro que no Iraque destruído pelas bombas por procuração crescerá uma nova geração revoltada. Sob outras bandeiras, com outras logos, e outros nomes, mas igualmente pronta para morrer.

---

25 Até o momento, a coalizão assume a responsabilidade por 326 mortes civis durante os nove meses de ofensiva. Um relatório de AP (Associated Press), porém, revelou que até agora as mortes de civis totalizam cerca de 10 mil, dez vezes mais do que os números oficiais divulgados pelo governo. E que entre elas pelo menos 3 mil teriam sido causadas por bombardeios da coalizão (<https://www.apnews. com/93f0c1b83550404f99053ed7f0474740>).

VENCER A GUERRA E PERDER A PAZ 135

Desde que a guerra acabou, Ibrahim e Adnan ficam procurando ferro nos bairros destruídos para vender e conseguir comer, ou pedindo esmolas nas esquinas das ruas; de vez em quando roubam. Dizem que não têm escolha e se envergonham, acham às vezes que é melhor roubar do que procurar entre os escombros, pois os escombros não contam a história e tampouco são monumento à vitória, além disso os escombros são perigosos, há minas e explosivos, também sementes do EI.

E então me dizem, mortificados e com o olhar baixo, com um leve rubor nas bochechas, que estão com medo.

«Porque, quando eu mexo nas pedras e nos restos de mobília, talvez uma mina me faça explodir.»

E daí Adnan pega o seu carrinho e vai embora.

Ibrahim, 34 anos, campo de refugiados de Hamam al Alil, dezembro de 2017

Eu me lembro de algo que aconteceu durante o combate pelo controle do bairro de Aqrab. Havia um menino pequeno, tinha uns cinco anos, que vociferava contra os soldados: «Infiéis, meu pai vai matar vocês». Os soldados rasgaram a bandeira do EI para substituí-la pela iraquiana e lhe perguntaram: «Ei, menino, se nós dermos um revólver para você, o que você faz?». Ele respondeu: «Eu mato vocês».

Pois é, eu estava lá e tive medo de que os soldados não me entregassem o menino. Eu temi pelo pior. Mas no fim eu obtive a sua guarda e o levei para o campo de refugiados. É um dos muitos órfãos de Mossul.

Durante a guerra, comecei a ser uma ponte entre as crianças sozinhas no mundo e o que resta de suas famílias. Eu era a corda estendida entre os soldados e os sobreviventes. E, no centro, as crianças.

Eu também vivi em Mossul sob o regime do EI. Escapei poucos meses depois do início da guerra. Era inverno. Eu era um refugiado entre os refugiados, me mudei como todos os outros. O pouco que me restava eu mantinha nos bolsos das calças e nas mochilas que carregava nas costas. Minha mulher e meus filhos comigo e à nossa frente muito medo e um só destino: um campo de refugiados.

Eu já não tinha trabalho, não tinha um salário. Mas o meu emprego eu já tinha perdido em Mossul. Antes do EI eu era professor de inglês. Durante a guerra, o inglês era a única competência que me restava.

CADA UM CARREGUE SUA CULPA

Nós nos transferimos para o campo de refugiados de Hamam al Alil, eu olhava em torno desorientado, mas nunca desesperado. Eu queria me tornar útil, perguntei às organizações humanitárias o que eu podia fazer para ajudar a minha gente. Eles me disseram: Ibrahim, temos centenas de crianças sozinhas, que se encontram entre os escombros das casas, escondidas entre as ruínas ou fugidas com grupos de refugiados, sem nenhum familiar. Precisamos saber se há familiares que sobreviveram e possam tomar conta delas.

E foi assim que começou. Iniciei os trabalhos com os soldados e as organizações humanitárias. Eu ia até o front com o exército, quando encontravam uma criança sozinha, eu me ocupava dela. Eu a levava para um centro provisório a fim de tentar saber qual era o seu nome, o nome dos pais, a sua nacionalidade, caso não fosse iraquiana. No início, as crianças que encontrávamos eram quase todas filhas de civis.

À medida que a guerra avançava para a parte ocidental da cidade, fomos salvando centenas de filhos de combatentes. Havia crianças turcas, azerbaijanas, tunisianas, chechenas. Foi muito difícil. Elas mal falavam, estavam traumatizadas. Diziam frases violentíssimas.

Algumas foram transferidas para Bagdá e repatriadas por meio das embaixadas, mas outras não. Em resumo, as embaixadas negaram a custódia, não as queriam de volta. Dizem que são crianças maculadas. Então nós as transferimos para orfanatos.

Para as crianças iraquianas, para os filhos do EI iraquiano, temos problemas diversos: existem crianças órfãs com parentes nas províncias distantes, Diala, Bagdá, Bassora. No início, os parentes vinham buscá-las, estavam prontos para acolhê-las e ocupar-se delas. Depois começaram a trazê-las de volta.

Os vilarejos, as cidades, são dominados mais por leis tribais do que pela lei do Estado. Os moradores desses vilarejos rejeitam a volta das crianças às comunidades porque afirmam que seus pais são assassinos e os filhos só poderão seguir os seus passos. Acontecia de os pais dessas crianças terem matado alguém no vilarejo, e a culpa por esses crimes, em um infinito rastro de violência e vingança, caía nas costas dos pequenos.

Nós nos encontramos diante de rejeições categóricas, fracassamos em todas as tentativas de mediação.

Eu me lembro de uma vez ter salvado um menino ferido, os pais haviam morrido em um bombardeio. Permanecia vivo somente o tio, que no início aceitou cuidar do pequeno, que se chamava Yousef. Depois de poucos dias, entrou em contato comigo e me disse que o vilarejo era contrário à presença de Yousef. «Você tem de se livrar da criança», ele foi intimado. E, como aviso, uma noite os vizinhos atiraram pedras na sua casa.

Ele me disse: «Se eu fico com Yousef eles me expulsam também». Então recusou a custódia do menino e o trouxe de volta, agora está no orfanato a leste de Mossul. De tempos em tempos manda algum dinheiro.

Na primavera, mal havia iniciado a ofensiva a oeste de Mossul, encontramos uma menina que ficou na mesma casa por três dias com os pais mortos por causa de um bombardeio. Ela permaneceu perto dos corpos, velando-os, até que nós a encontramos. Estava ao lado da mãe e dizia: «Mamãe não se mexe». Havia outro corpo, era um menino, seu irmão. Tinha perdido uma perna, a menina nos disse que tinha tentado estancar o sangue, mas não conseguiu, e o viu morrer também.

O pai dessa menina era um dos chefes do EI da sua região. Agora ela parou de falar, está em um orfanato de Bagdá, não lhe resta ninguém.

Mahmoud, doze anos, oeste de Mossul, primavera de 2017

Uma noite meu pai me acordou e me pôs sentado. Olhando fixamente nos meus olhos, ele disse: «Pegaram teu irmão». Eu o abracei muito forte, fiquei com medo.

Eles o prenderam porque antes de chegarem meu irmão era soldado. Os dias seguintes à sua captura nós passamos esperando que alguém batesse à nossa porta para nos dizer que ele estava morto, que o EI *o havia executado e jogado o corpo em uma vala comum.*

Corriam muitas histórias desse tipo, de buracos nos campos cheios de cadáveres de soldados, de rapazes que tentavam se rebelar. O pessoal do EI *dizia matar apenas os infiéis, para purificar o Islã, mas até nós, crianças, sabíamos que não era assim.*

No início meu pai não queria me mandar para a escola deles, pois tinham mudado os programas, mas daí, quando pegaram meu irmão, ele pensou que era mais prudente que eu frequentasse a escola, assim poderiam pensar que nós os apoiávamos.

Uma vez o professor levou uma faca para a sala, uma faca trabalhada em madeira, para nos ensinar sobre decapitação. Não eram decapitações reais, mas pegavam dois de nós, um com a cabeça estendida sobre um banco, que era o prisioneiro, e um que aprendia a decapitar, como posicionar a faca, onde enterrá-la. O professor pegava na mão daquele que decapitava e dizia: «Vai, mata». E ele simulava afundar o golpe com a faca de madeira. E, um após o outro, devíamos todos experimentar.

Uma vez o pessoal do EI *foi até o mercado e pendurou um homem bem na entrada. Ninguém podia tirá-lo de lá, eles o haviam vestido* com um macacão laranja, como os prisioneiros. *Era proibido tocar nele, movê-lo. Se alguém o retirasse, morreria também. Eu me lembro de estar caminhando com meu pai e ele me dizer «Abaixa os olhos, meu filho, não veja». E eu tinha medo de que Ibrahim, meu irmão, também pudesse ter o mesmo fim. «Ibrahim está vivo, né, papai?», eu perguntava. Mas ele não respondia.*

Eles amarravam os cadáveres nos postes ou os dependuravam na frente do mercado para nos assustar, assim todos tínhamos medo de terminar pendurados. Na região de al Tanak, mataram dezenas de pessoas e as deixaram no meio da rua, não permitiam a ninguém retirar os corpos, os parentes ficavam desesperados, todas as mulheres se aproximavam dos corpos dos filhos ou dos maridos e gritavam.

Dois meses depois da sua captura, meu irmão Ibrahim voltou, eles o levaram de volta para casa. Papai me disse «Não o abrace, Mahmoud», e eu não entendia, mas obedecia e não o abraçava.

Então eu perguntei a Ibrahim: «Por que não posso te abraçar?». E ele levantou a camiseta e me mostrou as costas. Estavam marcadas, listras azuis, vermelhas, ele havia sido chicoteado centenas de vezes. «Pensavam que eu era um espião», disse-me. Mas ele não era.

Eu não esperava mais que ele voltasse, pensei que o veria pendurado no mercado, mas em vez disso voltou. Só que não era mais o mesmo Ibrahim, estava sempre cansado, mal conseguia fechar os olhos para descansar e já acordava, de repente, gritando. Vai saber o que fizeram com ele na prisão. Acho que ele nunca vai nos dizer.

MAHMOUD, A TESTEMUNHA

*Para o mártir, o toque da morte é como
a picada de um mosquito para cada um de vocês.*

Abu 'Abdallah Muhammad ibn Yazid ibn Majah, *Sunan ibn Majah*

Mahmoud tem dezesseis anos e o sorriso provocador dos adolescentes. O seu olhar é de desafio, não tem medo de dizer aquilo que pensa. Ainda que aquilo que pensa seja que gostaria de morrer em nome de Alá. Ele queria isso ontem, durante a guerra. E quer isso hoje, agora que a guerra acabou.

Ele era um miliciano do Califado. Foi educado para a violência e treinado para morrer. Então, durante a guerra, acabou nas mãos da inteligência iraquiana, ou seja, nas mãos de Fasi, um jovem oficial dos serviços secretos que o manteve escondido por meses em uma casa de Qayyara, ao sul de Mossul, para coletar informações antes de entregá-lo à prisão de Bagdá, onde estão detidos todos os combatentes do EI, à espera de processo ou à espera de enforcamento.

Fasi tem 27 anos, usa uniforme preto, anônimo, sem logos, nem estrelas, nem patentes, sem nenhum sinal de identificação. Tem o rosto cansado, mas orgulhoso. Diz que se sente honrado por vestir o uniforme, diz que o exército iraquiano deve vingar a vergonha sofrida (e autoinfligida) em 2014, quando 30 mil soldados abandonaram as próprias posições e deixaram Mossul nas mãos de oitocentos milicianos do EI.

Era o ano da queda de Falluja, Ramadi, Tikrit. O EI estava a sessenta quilômetros da capital, Bagdá. Naquele verão, Fasi estava justamente em Bagdá, e se lembra das notícias e da gritaria dentro e fora dos quartéis e dos departamentos, o nervosismo que aumentava à medida que aumentavam os rumores quanto mais perto se chegava do escritório do então primeiro-ministro Nouri al Maliki. Ele se lembra das notícias dos habitantes de Mossul, que festejavam a chegada das picapes com as bandeiras negras («Eles vêm nos libertar dos traidores de Bagdá», diziam), e se lembra também de moradores de Mossul menos empolgados, que falavam de uniformes e munições abandonados pelas ruas por soldados antes da fuga: soldados que não os haviam defendido, que não os haviam protegido («Havia munições e uniformes por toda parte, havia soldados que se despiam e procuravam um motorista para pagar e fugir para o Curdistão»).

Ele se lembra dos soldados, os desertores, se justificarem dizendo que seus próprios líderes tinham abandonado Mossul e fugido para Erbil («O que deveríamos ter feito? E ainda nos pagam a metade dos salários há meses, o que deveríamos defender e em nome de quem?»).

Ele lista em sua narrativa os meses de responsabilidades empurradas de um departamento a outro, de um ministério a outro. Havia ao menos três pessoas então no topo do exército que poderiam e deveriam dar as ordens para tentar manter a cidade a todo custo: Aboud Qandar (naquela época vice-comandante do estado-maior do Ministério da Defesa), Ali Ghaidan (comandante das forças terrestres) e o próprio primeiro-ministro al Maliki, que dirigia (ou deveria dirigir) os seus homens de Bagdá. No final das contas, para responsabilizar alguém pela queda de Mossul, preferiu-se escolher um bode expiatório perfeito: o general Mahdi al Gharawi, que, com seu perfil controverso, sua biografia e a fama de torturador, tinha o currículo do culpado exemplar.

O perfil de al Gharawi diz muito sobre a queda de Mossul, mas também demonstra bem as condições que a causaram, a falta de confiança nas forças da ordem dominadas pelos grupos xiitas, a desconfiança e o medo da comunidade sunita, a desolação da era pós-Saddam.

Eliminados Saddam Hussein e o seu partido Baath de maioria sunita, após a invasão americana, os xiitas do país começaram o lento caminho de ocupação das posições de poder, a primeira dentre todas no exército, naturalmente.

O primeiro-ministro al Maliki garantiu a homens como al Gharawi postos importantes na hierarquia militar. Al Gharawi, mesmo sendo xiita, já havia sido membro da guarda republicana de Saddam, um homem para todas as ocasiões; e em 2004, depois da queda do *rais*, os americanos apoiaram sua nomeação para chefiar as novas divisões da polícia nacional iraquiana. Para os xiitas, era uma espécie de herói; para os sunitas, um assassino, responsável por torturas e execuções arbitrárias. Chamavam-no «o homem dos esquadrões da morte». Ele era de tal modo implacável que os próprios americanos o acusaram de tortura e homicídios extrajudiciais na Site Four, uma das prisões pelas quais era responsável e onde — segundo as acusações — os prisioneiros (sunitas) teriam sido torturados e vendidos para as brutais milícias xiitas. Quando os americanos estavam para deixar o país, al Maliki nomeou al Gharawi chefe da Polícia Federal de Mossul, que era um reduto de ex-baathistas e de comandantes militares do regime. De novo, os xiitas o viam como o defensor da lei, os sunitas o pintavam como um corrupto, um homem sem escrúpulos, um sanguinário. O fato é que nos dois meses anteriores ao desfile das picapes com as bandeiras negras em Mossul, al Gharawi — que sabia que o EI estava preparando uma ofensiva — pediu reforços a Bagdá.

Pedido que não foi ouvido. Assim como também não foi ouvida por Bagdá a proposta dos peshmergas curdos de ajudar o governo central a defender a cidade.

No final, al Gharawi, acusado de não cumprimento do dever, foi preso. Ele sustenta que as deserções começaram quando o chefe do estado-maior e o chefe das forças terrestres decidiram deixar a zona oeste de Mossul, quando os soldados começaram a suspeitar de que os líderes tinham fugido antes deles.

O resultado é que, passados poucos dias, enquanto o EI conquistava o aeroporto de Mossul, as estações de TV, os departamentos de governo, as delegacias de polícia, as estruturas militares, os bancos e os depósitos de munições — entre eles o de Qayyara, ao sul de Mossul, que era o quarto depósito de munições do país —, enquanto o EI invadia as prisões libertando centenas de encarcerados, enquanto o EI matava soldados, mutilando seus corpos e arrastando-os pela rua, milhares de outros soldados abandonavam suas posições e seus deveres. Milhares de soldados, treinados durante uma década pelos americanos, fugiam deixando para trás humvee, tanques, mísseis, toneladas de munições e armas de assalto, coletes à prova de balas e uniformes camuflados: tudo acabou nas mãos do EI.

A ilusão de um exército unido após dez anos de treinamento e ocupação dissolveu-se em poucos dias, queimada pelo sol do verão de 2014.

Em vez de conter os grupos sectários e a corrupção, o governo xiita de al Maliki procurou um culpado, e — como esclareceu um relatório da Reuters de 2015 sobre as responsabilidades da queda de Mossul[26] — «a decisão de puni-lo e ignorar o papel das figuras do alto escalão demonstra não somente que a reconstrução dos

---

26 <https://www.reuters.com/article/us-mideast-crisis-gharawi-special-report/special-report-how-mosul-fell-an-iraqi-general-disputes-baghdads-story-i-dUSKCN0I30Z820141014>.

aparatos militares será difícil, mas será também o motivo pelo qual o país corre o risco de se desagregar. Como demonstrado por Mossul, o exército iraquiano é uma instituição quebrada no coração de um Estado falido».

Fasi sente nos ombros o peso de uma missão, quer redimir aquela falência e personificar a vingança contra as forças de ordem do país, a vingança em relação aos soldados que no verão de 2014 deixaram armas e uniformes para as bandeiras negras. Durante a guerra, trabalha dia e noite, interrogando homens, mulheres e crianças. Tornou-se o responsável pela busca e pela prisão de menores ligados ao EI e diz que esses são os mais perigosos «porque corremos o risco de ter pena deles, as lágrimas das crianças e dos adolescentes acabam enganando você».

E Fasi mantém o seu olhar cansado mas cheio de orgulho por não ter sido piedoso, nem com as crianças. Prendeu menores às centenas, entre eles Mahmoud.

«Seu pai era um dos líderes do grupo, foi morto no início de 2014 em Hamam al Alil. Mahmoud, o mais velho dos seus filhos, uniu-se a eles. Esse rapaz não é apenas uma fonte de informações para nós, esse rapaz é o espectro do nosso futuro. Precisamos entender o que nos espera, do que devemos nos defender amanhã. Mahmoud carrega consigo as raízes do EI, as suas motivações profundas. Ele nos lembra que ter reconquistado Mossul não representa o fim de um conflito, mas o início de uma nova guerra.»

Mahmoud, dezesseis anos e a busca por identidade. Filho de um líder jihadista, com treze anos jura fidelidade ao califa al Baghdadi.

Fasi fala de Mahmoud, move-se com a segurança de quem domina o espaço e as pessoas. É jovem mas tem autoridade, os seus homens o seguem com deferência. Nunca falam, limitam-se a concordar quando Fasi lhes dá alguma ordem. Basta um aceno de cabeça, o bater dos dedos sobre a escrivaninha de madeira e fórmica para fazer entrarem e saírem homens em posição de sentido.

Mahmoud é só um entre centenas de menores presos pelo exército iraquiano durante a guerra: muitos deles estão numa prisão em Erbil, no Curdistão iraquiano; outros tantos em Qayyara, um vilarejo ao sul de Mossul; muitos em Hamam al Alil; a maior parte na prisão de Bagdá, presos sem que haja distinção entre homens, adolescentes e crianças.

Muitos deles foram escondidos pelos serviços secretos em casas comuns em Mossul, utilizadas como prisões temporárias. Oficiais como Fasi os interrogam, tentam entender se ainda possuem redes ativas nas zonas da cidade onde a vida já recomeçou a correr mais ou menos normalmente.

«Eles me são mais úteis aqui, ao menos por um tempo», diz Fasi, «por isso eu os retenho antes de mandá-los a Bagdá. Eles têm contatos ativos com as células adormecidas. Segui-los nos permite tentar prever os passos que darão no futuro.»

Às vezes o olhar de Fasi se perde de repente: enquanto fala e explica e argumenta, um pensamento fulminante leva-o para outro lugar. Pega um dos seus telefones, escuta o áudio anteriormente gravado. Fala consigo mesmo. Junta as peças de seus interrogatórios.

Quando me encontra para ir comigo até a casa onde mantém Mahmoud escondido, confessa estar acordado há trinta horas. Mais do que um trabalho, é uma missão: «Um informante nos disse que no leste de Mossul a mulher de um dos chefes do EI estava se escondendo com seus cinco filhos. Ninguém tinha conseguido prendê-la, eu que consegui. E vai ficar aqui bastante tempo, não é inocente, aqui ninguém é».

Eu peço para vê-la, ele balança a cabeça em sinal de negação. Mostra para mim uma fotografia dela em seu telefone; há uma mulher sobre um colchão no chão, rodeada de cinco crianças.

A mulher segura o menor entre o antebraço esquerdo e o seio, embala-o, talvez para fazê-lo dormir, ou para executar um gesto de aconchego na prisão úmida. A mão direita, por sua vez, cobre-lhe o rosto. Duas crianças estão sentadas ao lado da mulher, as outras duas deitadas, talvez estejam dormindo, talvez esperando que alguém as leve de lá. Fasi se levanta, caminha. Quando nos encontramos, a sua base provisória está no leste de Mossul, uma sucessão de casas que antes da guerra deve ter sido um bairro residencial de famílias abastadas. A base é composta de diversas edificações, uma delas particularmente luxuosa, a porta de entrada é imponente, em mogno com puxador dourado, em volta duas colunas de mármore rosa com veios avermelhados. Dentro da edificação não há móveis, exceção feita a duas poltronas e um sofá. Ele me conduz ao porão para mostrar aonde leva os prisioneiros. À medida que descemos as escadas, sinto o temor de seus homens, começo a respirar um profundo mal-estar, imaginando, no fundo sabendo, o que deve acontecer naquele porão quando a noite cai. Pergunto-me o que faz Fasi me levar até lá, creio que seja aquele desejo de expiação que torna necessário aos culpados compartilhar com alguém a dimensão da própria pena.

A sala é branca, ou melhor, seria branca não fossem os sinais vermelhos nas paredes. Dão toda a impressão de serem marcas de mãos que tentavam se apoiar. Há uma mesa e um estrado metálico. Não há janelas, há pouca luz. Na porta alguém colocou um cadeado.

Quando o canto do muezim rompe subitamente o silêncio da nossa visita ao andar -1, Fasi me olha e diz: «é hora de ir».

Fasi nasceu nas aldeias perto de Hawija, uma aldeia de maioria sunita no governorado de Kirkuk. Hawija foi uma das mais sólidas bases de apoio ao EI, foi libertada depois do fim da guerra de Mossul, em setembro, em pouco mais de uma semana, pelas Forças Armadas iraquianas e pelas Forças de Mobilização Popular. Centenas de milicianos foram presos pelas mãos dos peshmergas curdos, renunciando ao martírio e ao sacrifício da própria vida em nome da jihad.

Hawija é uma aldeia com casas de barro em uma região estratégica no norte do país. Em Hawija cruzam-se os caminhos de sunitas e xiitas, mas também de árabes e curdos. O vilarejo se encontra entre as duas estradas principais ao norte de Bagdá, uma que leva a Kirkuk e à região curda riquíssima em petróleo, e a outra que chega a Mossul e à fronteira iraquiana com a Síria e a Turquia. Hawija é também a segunda cidade agrícola do país. A riqueza agrícola e a proximidade com o ouro negro tornaram a cidade o centro da disputa por muitos anos.

Após a invasão americana de 2003, a força e a tenacidade das insurreições contra o exército de ocupação lhe valeram o título de Kandahar iraquiana, a resistência dos seus habitantes era comparável, para os soldados americanos, às dificuldades encontradas no Afeganistão com o Talibã.

Em abril de 2013, logo após as primeiras eleições depois da retirada americana, os habitantes de Hawija foram para a praça contra as políticas de prisões arbitrárias, a perseguição antissunita e a negligência do governo xiita de al Maliki. Os protestos foram reprimidos duramente: após os dias de cerco, contabilizaram-se quarenta mortos e mais de cem feridos.

As revoltas de Hawija em 2013 são fundamentais para entender a onda de violência sectária que culminou na ocupação dos milicianos do EI no ano seguinte; como escreveu Joost Hiltermann, do International Crisis Group, «as revoltas daquele abril transformaram Hawija no protótipo de todos os males que teriam facilitado a tomada do poder por parte do EI no ano seguinte».[27] Os habitantes sunitas de Hawija haviam sido protagonistas da rebelião contra o exército invasor e sofrido as consequências da retirada daquele mesmo exército que tinha deixado o país à mercê da violência e da vingança sobrepostas. Os habitantes sunitas de Hawija tinham manifestado o seu descontentamento por meio de um sentimento generalizado de injustiça e marginalização, discriminação e abandono. Esse mal-estar, primeiro negligenciado, depois mal gerido e por fim reprimido, continha o mapa da catástrofe nacional. Fasi nasceu e cresceu ali, entre jovens que empunhavam as armas em nome de al Zarqawi contra o exército invasor. Sunita, Fasi cresceu cercado pelo ódio e pelo ressentimento contra o governo central xiita de Bagdá. Fasi diz que escolheu dedicar a sua vida à luta contra o terrorismo porque queria que o futuro do Iraque fosse diferente do passado em suas lembranças. Bebe o seu café com goles vagarosos, leva a xícara aos lábios e rumina os pensamentos. Pesa as palavras sem desperdiçá-las. «Cresci observando as raízes do fundamentalismo. As minhas recordações são marcadas pela guerra e pelo desejo de vingança. Na aldeia em que nasci havia duas possibilidades: radicalizar-se ou escolher se salvar. Quando todos os meus colegas se reuniam para falar sobre os feitos de al Zarqawi, eu pegava os livros. Lia e estudava.»

Trabalha nos serviços secretos iraquianos há seis anos, bem antes de Abu Bakr al Baghdadi se tornar o ícone do mal nos jornais estrangeiros. Escolheu trabalhar na inteligência, porque — diz — viver no Iraque significa viver no intervalo entre duas guerras e o único meio de prevê-las é aprender com o passado, e o único meio de aprender com o passado é conhecê-lo, definir suas nuances,

---

27 <https://www.jstor.org/stable/43698182>.

suas passagens, tornar complexas as simplificações. «O passado falou e continua a falar aos iraquianos, mas os iraquianos são surdos.» Ele também tem claro que a guerra começa no dia seguinte à declaração de vitória, quando os aliados partem carregados de satisfação e adrenalina da batalha, quando tem início a contagem dos mortos e dos prejuízos, quando os mortos civis começam a ser chamados de «efeitos colaterais» e a quem fica cabe o empenho de recomeçar.

Quando chegamos a Qayyara, Mahmoud está sentado em um sofá na única sala com ar-condicionado da casa; o termômetro marca 44 graus. O dono da casa nos espera na porta, antes de se apresentar ele me olha e, indicando a sala onde se encontra Mahmoud, diz com voz baixa «Daesh, Daesh». Tem três filhos pequenos, o maior tem oito anos, a menor tem dois. Não deixa que eles falem com o jovem miliciano que ele é obrigado a hospedar, ao mesmo tempo que não pode se recusar a hospedá-lo.

A guerra acabou e todos buscam limpar sua barra. Colocar a própria casa à disposição do serviço de inteligência é o melhor caminho para ser perdoado. O dono da casa é submisso a Fasi, com muita dificuldade consegue sustentar o olhar, e Fasi o trata com uma mistura de presunção e desdém. Aquele homem lhe serve, mas aquele homem amanhã poderia ser interrogado e, por sua vez, preso. É inocente? Ninguém é. Mas, se é culpado, é culpado de quê? Não importa. Basta uma voz, uma conversinha, uma palavra atravessada do vizinho e aquele homem estará no lugar de Mahmoud em uma outra casa usada como prisão.

É a delação que determina a maior parte das prisões do pós--guerra, o dono da casa sabe disso, e por isso atua com reverência e temor: preparou grandes copos de Coca-Cola para os soldados, biscoitos com pistache e mel e um prato de tâmaras. Ele espera que, oferecendo Coca-Cola e tâmaras, a delação do pós-guerra não o atinja. Fasi lhe pergunta como se comporta o prisioneiro e ele responde que está de olho, não empresta o telefone, não sai nunca.

Mais do que um prisioneiro, Mahmoud dá a impressão de ser o dono da casa, a sala mais confortável é a dele, a única em que há televisão e ar-condicionado. O sofá verde em que está sentado ocupa três lados da sala, no meio de cada almofada um bordado dourado, no chão um velho tapete com uma decoração floral. Ele assiste entediado a um filme americano. Uma história de perseguição, polícia contra bandidos. O som emitido pelas sirenes da polícia americana na tela da televisão tem algo de grotesco.

Ao seu lado, apoiada sobre um banco de madeira, a sua muleta. Mahmoud perdeu a perna direita em 2014: «Um bombardeio da coalizão no meu campo de treinamento. Dezenas de rapazes morreram. De mim só cortaram uma perna», diz, com o orgulho do veterano.

É a sua apresentação. Quando jurou fidelidade a al Baghdadi, Mahmoud tinha treze anos. Hoje, três anos depois, é um prisioneiro; o Estado, *al dawla* — sem adjetivos para defini-lo —, pelo qual ele teria se sacrificado, não existe mais em seus limites geográficos, e ele não mostra nenhum sinal de arrependimento, nenhuma vergonha, nenhum temor, nenhuma timidez ao falar, nem mesmo diante dos serviços secretos.

Ele tem um aspecto marmóreo; a voz calma é a de quem sente que tem razão, apesar de não querer convencer ninguém, é a de quem tem o tempo ao seu lado. A impassibilidade do seu olhar e da sua voz faz dele um menino eterno. Enquanto eu o observo, penso que seja o «para sempre» de todos os fundamentalismos. O protótipo do recrutamento cumprido. Reflito em silêncio e acho que ele me dirá coisas que sou capaz de imaginar. Mas estou errada. Estou convicta de que será chato fazer-lhe perguntas que não o deixem incomodado. Estou novamente errada.

Enquanto continuo a me perguntar como atravessar o arame farpado que é a mente de um jovem de dezesseis anos sem uma perna e que quer morrer em nome de Alá, Mahmoud se antecipa a mim no andar de cima. Com a mão direita segura o corrimão, com o braço esquerdo apoia o peso do seu corpo na muleta, que produz um barulho seco a cada passo.

Mahmoud senta-se em frente à janela da sala semivazia. Olhando para ele da porta, na contraluz, é uma sombra fascinante e fugidia. Tem os cabelos curtos, um princípio de barba torna-o mais adulto, o nariz proeminente. Usa um chinelo preto no único pé que lhe resta, a calça cinza do macacão está rasgada de qualquer jeito na altura da amputação. A camiseta, escura e menor do que o seu tamanho, deixa entrever os músculos dos braços e do peito. Ele é esguio. Seria possível dizer que treinou o corpo mesmo com a perna amputada. A sua voz é controlada e calma.

Os silêncios que ele impõe ao espaço entre as minhas perguntas e as suas respostas nunca são constrangedores ou espinhosos, mas refletem a profundidade de suas argumentações, a fidelidade granítica ao projeto do Califado. Ele quer me levar consigo em seu imaginário, arrastar-me para dentro da inteligência de um jihadista, lembrar-me de que não foi a propaganda que o levou a jurar fidelidade a al Baghdadi, convencer-me de que sustentar a tese de que os vídeos do EI são uma propaganda infame é uma simplificação ocidental. Não, mesmo sendo pobre, não foi o sentimento de marginalização que o levou até o EI. Não, não se sente um terrorista e não se sente um rapaz perdido. Sente-se um soldado pronto para morrer por uma causa superior cuja magnitude nós não entendemos.

«Ninguém me impôs essa escolha, a escolha do juramento. Decidi junto com os meus amigos mais queridos, todos os meninos e rapazes do meu vilarejo seguiram o EI. Os combatentes que tinham mais de dezoito anos após o treinamento iam direto lutar em Tikrit ou Baiji ou Ramadi, alguns foram mandados a Deir El-Zor, na Síria. Quando me juntei ao grupo eu tinha treze anos, daí os chefes disseram que eu deveria estudar mais um pouco, diziam que estudar melhoraria a minha preparação e o campo de treinamento desenvolveria as minhas habilidades militares e me tornaria mais forte. Naquele tempo, não havia nenhuma coalizão internacional. O primeiro ataque da coalizão foi ao nosso campo de treinamento e matou muitos meninos e rapazes. Foi ali que perdi a perna. Nós éramos o centro do mundo, éramos a capital do Califado e já sabíamos disso, como sabemos agora que vocês acham que nos derrotaram.»

Quando o campo de treinamento foi atingido, um comandante de alta patente pegou os sobreviventes dizendo-lhes que havia chegado o momento de atacar os países europeus: «mataram os nossos meninos, mataremos os deles. Alcançaremos suas casas. Arruinaremos suas vidas», ele disse aos rapazinhos sobreviventes.

A voz de Mahmoud torna-se áspera. A sua invalidez impediu-o de virar um mártir, e o martírio é a honra suprema dos jovens do Califa.

«O martírio é o objetivo final dos combatentes do Estado Islâmico, é o desejo de cada combatente. Os nossos professores nos explicaram que a missão de martírio é o meio mais danoso e eficaz contra o inimigo, são missões decisivas para determinar os resultados da batalha. Por isso o grupo ama o martírio e nós o desejamos. É um grau que nenhum ser humano sobre a terra pode atingir, a menos que combata no EI. O desejo de cada soldado é o martírio, e o grau mais alto de todos os martírios é a missão de martírio em guerra, contra os inimigos e os infiéis.»

Mahmoud repete essas palavras como uma liturgia, descreve pacientemente a organização hierárquica da morte; as missões suicidas são decisivas para determinar a vitória no campo de batalha, então valem mais, levam mais rápido ao paraíso. «Morrer depois de ter sido atingido pelo inimigo ou morrer sob um bombardeio não tem o mesmo peso, não tem o mesmo valor para Alá.» E Mahmoud, com uma perna faltando, não pôde levar até o fim a sua missão: o carro-bomba, o martírio, o paraíso.

O que ele descreve não é o processo de alguém que deseja *tirar* a própria vida, o que ele está me descrevendo é mais o caminho de quem quer *dar* um sentido à própria existência.

«Para participar de uma missão de martírio era preciso esperar a sua vez, e havia centenas de combatentes à espera. Havia dias em que se encontravam até seiscentas pessoas na fila para as listas. O desejo de cada mártir é obter um veículo Hummer ou uma picape Silvador, um blindado. Todos querem os veículos maiores, porque matam mais pessoas. E, quanto mais o combatente mata, mais será recompensado. O Profeta — a paz esteja com ele — disse: um infiel e o seu assassino não podem estar juntos no inferno. Qualquer um de nós que seja alvo de um ataque aéreo e morto é um mártir.»

Seiscentas pessoas na fila para missão de martírio em um carro-bomba. Tento imaginar as listas de autossacrifício enquanto me pergunto se Mahmoud cita números ao acaso para me impressionar ou se está consciente das cifras que usa. Está falando por ouvir dizer? Não acredito. Está repetindo de cabeça a liçãozinha do jihadista perfeito? Não acredito. Quer me provocar? Também não acredito. Segundo a propaganda do EI durante a ofensiva em Mossul (a «heroica batalha», como eles a chamaram), foram 482 *istishaad*, isto é, mortos por martírio, entre carros-bomba e ataques suicidas.

Eu fico rememorando a guerra que presenciei, aquela que vivi em Mossul, feita de minas e dispositivos escondidos, de fios e botões prontos para saltar pelos ares a cada movimento em falso, de ataques kamikaze, de carros-bomba prontos para explodir em cada esquina, de milicianos que combatiam com a arma mais perigosa que pode existir: o *desejo* de morrer contra o inimigo. O sinal de reconhecimento, a verdadeira camuflagem do soldado do EI, era o cinto explosivo. Algumas dezenas de centímetros de morte presas à cintura. «Aperte o botão assim que vir o inimigo. Aperte o botão, encontre a si mesmo e os infiéis serão aniquilados» é o vade-mécum do kamikaze. Encontrar a si mesmo apertando o botão do cinto explosivo. «Todos querem morrer. Todos os rapazes querem morrer», repete Mahmoud, e a palavra «morte» é a que mais usa durante todo o nosso encontro.

«Três dos meus melhores amigos são mártires», ele me conta de um jeito provocativo como são descritas as proezas dos rapazes, «um deles era o filho do farmacêutico, filho único. Chamava-se Karam. Eram ricos, não precisavam de nada. O comandante lhe perguntou um dia: 'Porque está chorando?'. Karam respondeu que queria se tornar mártir, mas não o deixavam. E continuava chorando, e chorou até que os seus olhos ficassem vermelhos. Insistiu tanto até que lhe deram uma mochila, com um detonador dentro, ele devia usá-la nas costas. Daí o mandaram para Jabal Makhoul, onde havia uma base do exército iraquiano, e Karam, que jogava futebol muito bem, era um atacante veloz, começou a correr até atingir o centro da base e se explodir. Matou nove infiéis.»

Ele conta ter visto chegarem centenas de *foreign fighters*, «os melhores de nós», da França, da Bélgica, da Ásia Central (Azerbaijão, Tajiquistão), sozinhos ou com as famílias; fala das mulheres que chegaram do Ocidente para construir o grande Califado universal, armadas como os homens: tinham armas próprias, adquiriam veículos e os dirigiam em batalha. «Homens e mulheres estrangeiros eram os combatentes mais qualificados. Vinham do mundo inteiro para se tornar mártires.»

Até que um dia, no fim de 2014, o seu comandante fez um discurso público na presença de centenas de *foreign fighters*, convidando-os a voltar para casa, a convencer os próprios amigos e parentes a permanecer na Europa, porque a Europa seria o próximo campo de batalha. «Já somos muitos aqui, fiquem na Europa e matem. Se não conseguirem armas, peguem facas e os matem nas ruas movimentadas, usem os automóveis, ponham fogo em suas casas, matem seus filhos.» Citava Abu Mohammad al Adnani — o porta-voz do EI morto por um drone americano —, porque era al Adnani quem queria isso, explica Mahmoud, «e todos devíamos dar o nosso melhor para matar o maior número possível de pessoas».

O seu tom fica solene quando fala da necessidade de matar os traidores e infiéis, a sua voz se aquece, plena, tem um som vagamente litúrgico, hipnótico. A ouvi-lo, em silêncio, no calorzinho do sótão, estamos eu e Fasi, que está sentado atrás dele, a cabeça encostada na parede, as mãos no bolso e o olhar turvo.

Você acredita que um dia, quando a guerra de Mossul chegar ao fim e os vilarejos do entorno estiverem livres e o EI tiver perdido os seus contornos geográficos, você mudará de ideia?

Você se engana se acha que os ideais do Daesh acabaram junto com a guerra, é impossível. Desde 2003, os ideais do Daesh não pararam, começando por Abu Mosaab al Zarqawi, e os americanos conseguiram matar Abu Mosaab e prender o restante do grupo, mas os ideais não foram interrompidos, ficaram até mais fortes. Eles persuadiram milhares de pessoas em todo o mundo.

Perder Mossul, Sirte e Raqqa não significa nada para nós. Isso é terra, são apenas pedaços de terra e podemos perdê-la a qualquer momento. Livrar-se de nós é como pensar em se livrar do Alcorão.

Os seus professores, os seus guias, falaram algo para você sobre o futuro de Mossul depois da guerra?

MAHMOUD, A TESTEMUNHA

Perder Mossul não significa perder o nosso povo, mesmo que esta guerra tenha sido perdida, devemos continuar pelo nosso Profeta, temos a responsabilidade maior porque as crianças e os meninos são os soldados do futuro.

Em Mossul existem centenas de milhares de crianças. O que é um menino para o EI?

Somos a próxima geração e devemos levar o Califado para o futuro. Todas os meninos e os rapazes têm essas ideias em mente. O exército iraquiano pode nos prender, pode nos matar. Nossas ideias continuarão existindo até o dia do apocalipse. A jihad não acabou. E não acho que acabará. Desde que os americanos nos invadiram, em 2003, só ficou mais forte. Deus não vai nos decepcionar e nos ajudará a prevalecer. E, depois de todos esses sofrimentos e cercos, Deus nos concederá a vitória e libertaremos o Iraque e Sham (Levante) e a Líbia e muitos lugares, e depois iremos para a Europa. A nossa marcha nunca vai parar.

Você já chegou a ver imagens dos ataques na Europa?

O profeta Maomé prometeu que chegaríamos até a Europa. Todos os rapazes desejam ferir os cidadãos na Europa, matar o máximo possível de pessoas, vingar as nossas vítimas e os nossos mártires. Assim disse al Adnani: se vocês puderem matar alguém com uma faca, então matem. Se vocês puderem matar alguém com uma pedra, ou com um saco, façam isso. Se vocês puderem apunhalar alguém, então peguem um punhal e apunhalem. Se não conseguirem fazer tudo isso, queimem as suas casas. Firam os infiéis de qualquer maneira. E, se você conseguir colocar as mãos em alguns materiais explosivos, daí é a melhor maneira. Os ataques à Europa curam as nossas feridas, pois valem cem vezes mais do que os atentados que poderíamos ter aqui.

Por que você queria matar alguém? Por que você quer se tornar um mártir?

O Deus onipotente diz: as pessoas acham que ficarão sossegadas porque dizem: «Nós acreditamos» e não serão colocadas à prova. Aqueles antes deles também foram colocados à prova. E Alá distinguirá entre os honestos e os mentirosos.

Existem provações e tentações e então virá a verdade.

Deus pôs à prova Maomé, pôs à prova Moisés e todos os profetas antes deles.

Dessa forma é que os combatentes serão selecionados. Quem não pertence a nós e não quer verdadeiramente lutar pelo Islã será punido, quem não deseja verdadeiramente morrer por Alá será punido. Apenas os verdadeiros combatentes restarão. Eu sou um verdadeiro combatente.

A hábil oratória de Mahmoud me desconcerta. A paciência e a determinação com que ele se explica me conduzem a um universo simbólico, o do Califado, que para ele é cheio de respostas. Para mim, é cheio de questionamentos a respeito do nosso universo simbólico, a respeito da forma como concebemos o terrorismo nos últimos anos, a respeito da forma como temos buscado soluções e explicações.

Detenho-me na força das palavras que ouvi e me pergunto quais palavras podemos oferecer a esses meninos, à sua determinação, quais alternativas às suas convicções. Que alternativa ao

Califado propomos a eles? E por que é menos convincente do que a morte em nome de Alá? Foi mais simples zombar da autoproclamação do Califado no minarete medieval da mesquita al Nuri, mais simples rotular esses jovens ora de párias, ora de terroristas, ora de doentes mentais ou marginalizados, endemoninhados ou indigentes em busca de um ganho seguro, em vez de perguntar a fundo sobre uma escolha que para eles é ao mesmo tempo heroica e metafísica.

Refutamos as palavras que a narrativa do EI colocou diante de nós, reduzindo-as a causas econômicas, materiais, simplificando até mesmo o discurso religioso. Subestimamos a severidade que as palavras do EI nos impuseram, nos vídeos, nas revistas, nas reivindicações; em nome da luta contra o terrorismo, ou de um medo que não soubemos identificar nem administrar.

O EI nos colocou diante da angústia do fim, de um fim inesperado, súbito e muito violento, na forma de um exército de jovens que tinham e têm deles algo que o nosso universo de valores não é capaz de propor: uma ideia de futuro.

Por isso, acredito que decidimos não enxergar, decidimos não querer olhar nos olhos desses rapazes e meninos, não porque nos assustassem, mas porque olhá-los nos olhos nos colocaria diante da mais crua das verdades, ou seja, a de que esses rapazes se assemelham a nós mais do que a nossa consciência tem condições de aceitar. Porque buscaram e encontraram no Califado uma razão superior para a desorientação. Nós, em vez disso, decidimos não olhar para esses rapazes e meninos, assim como não mostramos e não olhamos e não queremos ver os vídeos das execuções. É cruel demais, violento demais, fulminante demais, falso demais, artificial demais, perigoso demais. Assim a propaganda se difunde. Ou quem sabe próximo demais a nós, aos nossos hábitos imagéticos, fílmicos, narrativos? A desorientação desses rapazes em busca de respostas nos é familiar demais para que possamos suportá-la sem nos abalar. Transformamos a proximidade da sua desorientação em censura.

Mahmoud não é um sujeito amoral, na verdade carrega em seu corpo a fidelidade extrema à *sua* moral. Não é animado pelo horror vacui, não se sente radicalizado, nem um terrorista. Sente-se o mais fiel dos fiéis. Por isso não é niilista, não quer se anular na ideia do Califado. Não estava e não está procurando encontrar um sentido para os próprios sofrimentos em um gesto extremo de autossacrifício. Mahmoud sente-se parte de um todo feito de fé e obediência, de um universo ao mesmo tempo político, militar e religioso plasmado por regras ferrenhas em que a violência é um gesto necessário. Pelas palavras que expõe à minha frente — a organização hierárquica da morte, a espera da vez para o martírio, a inevitabilidade da jihad para defender a gestão territorial do Estado, a inevitável conquista do Ocidente infiel que já é parte do Califado e não tem outra saída que não seja a de ser conquistado, pois esse é o seu destino, a inexorável punição para os muçulmanos que escolheram a imoralidade e devem ser condenados e punidos —, as nossas palavras de resposta se demonstraram insuficientes. Porque é mais simples descrever o universo ideal de um jovem que escolhe ser mártir por uma coroa adornada de joias e um paraíso com 72 virgens para atendê-lo — uma perspectiva exótica, por vezes ridícula — do que refletir sobre a dimensão do ethos do mártir no campo de batalha. É mais fácil pensar que um rapaz como Mahmoud foi *seduzido* pelo terrorismo islâmico do que pensar que Mahmoud está *convencido* de querer morrer por Alá. A primeira opção é desresponsabilizante, ficamos pensando que existe uma força-do-mal contra a qual estamos-em-guerra que corrompe-jovens-marginalizados até convencê-los a se tornar kamikazes. A segunda opção nos impõe uma reflexão histórica, ética e retórica de que nos mostramos incapazes, a tal ponto que a opinião pública

MAHMOUD, A TESTEMUNHA

ocidental se tornou indulgente na direção da única resposta que tivemos condições de dar para violência do EI: outra violência.

O filósofo Philippe-Joseph Salazar, em seu ensaio *Palavras armadas*, descreve os países europeus tomados por um pânico lexical que reflete o pânico político diante do EI:

> A partir da Liga das Nações, o diálogo entre Estados se deu, na pior das hipóteses (na sua aplicação prática), como remédio para o uso da força, e, na melhor (no seu princípio ideal), como antídoto para a guerra. [...] O diálogo já não é o lubrificante, mas o combustível que faz funcionarem todas as máquinas da gestão política criadas (ONU, UE, o Movimento dos Países Não Alinhados, as organizações internacionais, as ONGs mundiais) e por meio do qual foram fabricadas. A Persuasão agora orienta a Força. Trata-se, no entanto, de uma ilusão. Os ocidentais se comportam como os atenienses: impõem as suas ideias com bombas e invasões, mas permitindo o debate.[28]

Foi o que viveu o Iraque depois de 2003, a exportação da democracia e a pantomima da construção do Estado novo. Estado que se mostrou desastroso, assim como a ideia de um exército unificado; a tomada de Mossul demonstrou isso amplamente.

Estamos em condições de alcançar a dimensão retórica do adversário EI? De *conversar* com esse Outro tão violento? De nos perguntarmos sobre o valor de simulacro, sobre o universo estético do Califado? Não o suficiente.

A palavra *shahid* — mártir — deriva da raiz do verbo *shahada*, significa ver, testemunhar, significa tornar-se modelo e paradigma. Eis a arma mais forte do Califado: o martírio como testemunho.

---

28 P.-J. Salazar, *Parole armate. Quello che l'Isis ci dice e che noi non capiamo*. Milão: Bompiani, 2016, pp. 79 ss.

Isso desloca os sonhos e as expectativas de Mahmoud e de tantos como ele em um futuro para o qual ninguém garantiu uma resposta alternativa.

Um *shahid* é a pessoa que vê e testemunha, o testemunho mártir, o testemunho que vê a verdade e a sustenta ferrenhamente. Não se trata apenas de um testemunho verbal, mas de um corpo-luta, um corpo pronto para combater e renunciar à própria vida pela verdade, para então se tornar um mártir. Com a luta e o sacrifício da vida, o *shahid* se torna exemplo para os outros, torna-se paradigma.

O soldado do Califado, soldado (*mujahid*) em vida que se torna mártir em nome da jihad: esse era o sonho de Mahmoud. Essa a sua fé no futuro. O seu corpo, nesse sentido, é um corpo político, assim como o EI também o é: impondo a dimensão territorial, geográfica à religião, torna o corpo desse adolescente de dezesseis anos um corpo político. Esse rapaz sem uma perna, que apoia na muleta o peso de uma guerra que acabou com o que para nós é uma vitória e para ele apenas uma passagem, é um corpo emprestado para a luta, detido pelo estrondo de uma bomba na estrada do martírio.

Mahmoud não chora seu pai e, impassível, diz: «Foi a vontade de Deus, assim tinha de ser».

Fasi o escuta, toma nota daquilo que diz. Não o saúda antes de sair, nem sequer olha em seu rosto, nem se despede de nenhum modo. O rapaz desce as escadas imperturbável assim como as subiu, com o tempo da sua invalidez, e outra vez o rumor seco a cada degrau.

Procura o meu olhar na soleira da porta, apoia-se na muleta com uma das mãos enquanto me estende a outra. «*Maa salaama*», até mais. Até mais, Mahmoud.

Enquanto nos afastamos do edifício onde Mahmoud está detido, Fasi dirige nervoso, ergue a voz para falar daquilo que ouviu. «Ele quer mesmo morrer. Esses rapazes não querem apenas matar, eles têm um desejo profundo de morrer. E isso é o que de mais perigoso o EI enraizou em suas cabeças.» O rosto de Fasi está cheio de sombras. Pergunto a ele o que acontece na prisão de Bagdá, onde não há distinção entre meninos e adultos detidos e onde os jornalistas não podem entrar, tampouco os observadores internacionais. Fasi balança a cabeça e não responde. Pergunto-lhe então se o governo elaborou projetos de desradicalização. Ele sorri, diz que não.

Se fosse apenas esse o problema. Nas prisões administradas pelo Ministério do Interior para os prisioneiros do EI, mal há água e comida.

Os detidos são obrigados a dividir um salão em grupos de sessenta, até oitenta pessoas. Ficam tão amontoados que precisam dormir em turnos, pois no chão não há espaço para todos. Não há comida, não podem se lavar. O risco de infecções é altíssimo. Dados precisos sobre detentos doentes ou mortos não existem. E este é um dos principais nós do pós-guerra, o risco de que a detenção de centenas de meninos educados e treinados pelo EI se torne terreno fértil para o terrorismo do futuro. É uma história que o Iraque já viveu e por cujas consequências ainda paga.

«Esses meninos falam de al Zarqawi como um herói, como um exemplo a seguir, dentro de mim sei que esses rapazes são vítimas, talvez vítimas duas vezes porque com frequência são obrigados pelos próprios pais a se alistar; no entanto, esses meninos são o meu inimigo. E entendo o sentimento de vingança que anima as pessoas de Mossul e sei que esse Estado no momento não tem meio algum de reinserir esses rapazes na sociedade.»

Fasi chama Mahmoud de «um sobrevivente», mas, quando lhe pergunto o que acontecerá com ele e com aqueles iguais a ele, centenas de milhares de meninos prontos para morrer, balança a cabeça resignado: «O Iraque não está pronto para reinserir esses rapazes. Não estamos prontos».

Mahmoud é o soldado do futuro. O soldado *no* futuro. Não importa se o EI perderá os seus contornos geográficos, pouco importa perder as capitais, o que conta é que os ideais do Califado sobreviverão.

Como diz o Profeta: «E não diga daqueles que foram mortos pela causa de Deus: 'Estão mortos': ao contrário, estão vivos, mas você não percebe».

Mohammad, treze anos, filho de um combatente do EI, leste de Mossul, inverno de 2017

Meu pai era muito duro mesmo antes da chegada do Daesh, nós sabíamos que se uniria a eles. Ele já era como eles. Um dia chegou em casa vestido com calças curtas até a panturrilha e a jalabiya usada por cima. Disse para mim e para o meu irmão que havia chegado a nossa vez de jurar fidelidade ao Califa. No dia seguinte meu irmão se foi, fugiu para Bagdá, para a casa de um tio nosso. Meu irmão era maior e talvez tenha entendido quanta morte chegaria até nossa casa, quanta violência. Talvez tenha entendido o que o nosso pai se tornaria. Antes de ir para a Bagdá, tentou dizer ao nosso pai que ele estava pegando uma estrada sem volta, que acabaria por matar amigos, parentes e vizinhos, mas papai respondia que desejava o paraíso. E assim começou.

Em casa ficamos eu, três irmãs e a mamãe, que chorava todos os dias. Mal meu pai saía de casa pela manhã, ela começava a chorar: «Que Deus tenha piedade de nós». As lágrimas já faziam parte do seu rosto. Ela me dizia: «Fique do meu lado, meu filho, e não me abandone, pelo menos você». Papai nos explicava ter jurado fidelidade pela nossa fé, para seguir os verdadeiros preceitos da nossa religião, não os preceitos corrompidos dos infiéis, dizia que tudo o que tínhamos era a nossa religião, por isso deveríamos seguir o seu exemplo e nos filiar. Pela religião, dizia, faça isso pela religião e por Alá, que ficaria orgulhoso de nós.

«Não fiquem aí de braços cruzados e conquistem um lugar no paraíso.»

Eu me lembro daquele verão, o verão de 2014. Era o período de Ramadã, o Daesh havia entrado recentemente na cidade e meu pai disse: «Chegou o seu momento, você deve jurar fidelidade ao nosso califa Abu Bakr al Baghdadi». E eu obedeci. Era meu pai. Fomos até a mesquita al Nuri e prestei o juramento. Algumas semanas depois, ele me mandou para um campo de treinamento por trinta dias, confiando-me a um amigo seu, lembro-me de que quando nos cumprimentamos ele disse: «Instrua-o como o melhor mártir que um pai pode desejar». Éramos os jovens do Califado, assim nos chamavam, havia ainda meninos menores do que eu. Para nos treinarem, batiam-nos na barriga, davam-nos chutes.

Diziam que comandaríamos Mossul depois deles e não devíamos temer a morte de tanta gente, que aquilo era o preço da jihad e que depois da morte deles nós assumiríamos o controle do Califado. No meu campo de treinamento éramos aproximadamente duzentos.

Todos os dias ao amanhecer eles nos reuniam em uma sala de treinamento, faziam-nos deitar e nos batiam com bastões, e uma vez deitados caminhavam sobre nossas barrigas, depois em pé nos batiam forte nos joelhos.

Eles nos ensinaram a travar e destravar fuzis e atirar. Treinavam-nos usando os prisioneiros. Eles eram chicoteados, apanhavam muito. Eu vi um ou outro rapaz matando prisioneiros.

Eu? Não, eu não. Eu não os matei.

Após o treinamento e o estudo da sharia, mandaram-nos para casa com um papel, cada um de nós estava destinado a ir para uma brigada. Muitos dos meninos e dos rapazes que estavam no campo de treinamento comigo foram para o front e morreram. Dois, Malik e Yunis, eram muito legais.

Quando voltei para casa, meu pai havia preparado um outro papel, uma espécie de contrato em que estava escrito que daquele momento em diante eu trabalharia sob o seu comando para a causa do Califado. Então comecei a trabalhar com meu pai, no distrito

*industrial, em al Sina'aa. Um dia tentei dizer a ele que sentia falta da
escola, que eu não queria trabalhar, que tinha mudado de ideia e que
não queria mais ir com ele e o seu grupo, que eu tinha medo. Daí meu
pai me bateu e me ameaçou e não me rebelei mais. No início eu carregava canos para cima e para baixo, transportava mercadoria de um
armazém a outro, não sabia o que era nem perguntava. Observava e
ficava quieto. Uma vez me levaram com eles até o hotel al Atrawi, havia
um banquete com todo tipo de prato, era uma festa. Fiquei me sen-
tindo privilegiado e feliz. Levavam uma vida boa e assim nós também
levávamos. Havia comida em abundância, as pessoas nos invejavam.*

*No início meu pai não me dizia o que estava produzindo, uma
vez me pediu para ir com ele até as dependências da universidade, mas
me mandou ficar do lado de fora, recomendando-me não entrar de
jeito nenhum. Não confiavam em mim porque da outra vez eu havia
dito que queria deixar o grupo, aquela vez em que ele me bateu e me
ameaçou. Depois, lentamente, entrei no círculo dos confiáveis, dos
envolvidos na produção de morteiros e carros-bomba. Meu pai fazia
essas coisas e eu fazia junto com ele, produzíamos armas no seu laboratório. Papai dizia que com aqueles carros-bomba derrotaríamos as
forças de segurança inimigas, o exército de* murtaddin.[29] *Ele dizia que
eram apóstatas que mereciam apenas morrer entre as chamas. Que, se
nós não os tivéssemos atacado, eles nos matariam e precisávamos nos
defender e merecer o paraíso.*

*Construir carros-bomba era a sua tarefa, tinha orgulho disso,
fazer as munições para os morteiros, as minas e os carros-bomba para
atingir os infiéis foi uma decisão sua. Ninguém o obrigou, ninguém fez
nele uma lavagem cerebral.*

---

29   Apóstata do Islã. Como termo religioso, a palavra *murtad* é usada para descrever
uma pessoa que se converteu a outra religião ou ao ateísmo depois de ter sido
muçulmana. Abandonar a religião é visto como «riddah» (conversão).

Às vezes trabalhava na cidade velha: próximo à mesquita al Nuri havia outro laboratório onde eram fabricados os cintos explosivos, um dia eu o acompanhei para buscar alguns e ele saiu de lá com um suporte, havia cintos pendurados e já prontos para o uso. Tinha ficado encarregado de dar os cintos aos combatentes que estavam no front. Ele sorriu e me disse: «Os rapazes estão esperando por isso, os murtaddin estão com as horas contadas».

Papai estava feliz, sentia-se útil e recebia um bom pagamento. Dizia que o pagamento de quem estava em laboratório preparando as armas era melhor que o de quem estava no front: o salário era dobrado; e, se um avião, se uma bomba nos atingisse e nos matasse enquanto construíamos as armas no laboratório, a indenização para mamãe seria dobrada. Construindo armas, conquistaríamos as nossas hasa-nat[30] cotidianas, devíamos fazê-lo com zelo e atenção. Dizia ainda que eu não precisava ter medo de atacar os apóstatas: «Você irá direto ao paraíso, meu filho, pois agiu da forma correta». Porém eu via que também morria gente normal, que morriam os vizinhos, via as pessoas executadas e não entendia.

Eu tentei perguntar a ele, disse-lhe que havia também gente normal que morria, não só os infiéis do exército e os americanos, e ele dizia que não. Depois me mandava ficar quieto e fazer o meu trabalho. Então eu ficava quieto e fazia o meu trabalho.

No entanto, eu via morrerem também pessoas que tinham se juntado espontaneamente ao EI, aquelas que pensavam conquistar o paraíso, morria também quem havia se filiado à mesquita al Nuri e morria pelas mãos do EI, que os chamava de traidores e espiões.

Quando começou a guerra, o grupo do meu pai rodava pelas casas do bairro, pedia documentos de todo mundo, tirava o ouro e as joias das mulheres, matava as pessoas, famílias inteiras porque as acusavam

---

30   Ações que agradam a Deus, contadas para acessar o paraíso.

CADA UM CARREGUE SUA CULPA 169

de querer fugir e ir ao encontro dos apóstatas, diziam: «Vocês querem ir para os braços do exército e devem morrer».

Então matavam as pessoas em grupos.

Um dia um membro da brigada do meu pai chegou em casa e disse «Seu pai morreu». Nós perguntamos como e ele nos contou que um bombardeio havia atingido o laboratório onde ele estava trabalhando com a sua equipe na antiga zona industrial. Então eu perguntei se podíamos trazer o corpo e ele disse que não podíamos nem chegar perto, pois os aviões dos infiéis ainda sobrevoavam o local. Não soubemos onde estava o corpo, não soubemos mais de nada.

«Não peça mais notícias dele, seu pai morreu e terá o que merece, terá o lugar que merece no paraíso.»

Era meu pai. Ele nos fez viver dias de escuridão. Mas era meu pai.

E eu o perdoo, pois é meu dever perdoá-lo.

Não há grandeza nem força senão em Deus.

Oumar, dezesseis anos e meio, campo de refugiados de Debaga, Curdistão iraquiano, verão de 2017

Fiquei na prisão cerca de nove meses. Fui libertado exatamente nove meses e oito dias depois de ser preso.

Na prisão eu sofri pesadas pressões psicológicas. Os homens do EI sabiam que iam perder a guerra. Não tinham como escapar. E sabiam também quanta sede de vingança recairia sobre aqueles que viveram sob o seu domínio. Por isso produziram provas falsas a respeito de tantas pessoas, para arruinar seu futuro, além do passado. Durante a guerra, aproximavam-se dos rapazes, sobretudo dos adolescentes como eu, que tinham recusado a afiliação, e nos repreendiam enquanto estávamos perto dos milicianos. Então publicavam esses vídeos com a legenda: «Olhem esses jovens mostrando o seu apoio na área tal do fulano de tal...». Assim ficávamos marcados para sempre. Se você está em um daqueles vídeos e sobreviveu à guerra, ninguém vai acreditar em você.

Na prisão me disseram que fui preso porque pessoas que eu conhecia me denunciaram. Vieram me prender no campo de refugiados. Junto comigo havia outros cinco rapazes, de treze a dezessete anos.

Cada um de nós conhecia algum filiado. Eu cruzava com pessoas do EI, que só conhecia porque eram da minha região. Mas eu não era ligado a eles por amizade nem parentesco. E todos no bairro sabiam que a minha família tinha se recusado a se filiar.

Os serviços secretos vieram me pegar e me levaram para a prisão. Lá eu passei por muitas coisas... Eu repetia que não tinha nada a ver com o EI e eles insistiam em me acusar.

CADA UM CARREGUE SUA CULPA 171

Eu dizia: «Por que vocês me acusam?». E eles respondiam: «Alguns conhecidos seus te denunciaram». E eu dizia: «Mas que provas vocês têm?». E eles continuavam a responder: «Te denunciaram». Sem que me dissessem quem ou por quê. «Alguém que você conhece», diziam. E pronto. Não havia nenhum vídeo que me mostrava, isso me deixava mais tranquilo do que os outros, muitos rapazes que haviam sido pegos contra a sua vontade estavam desesperados porque os acusados de serem filiados ao EI são condenados à morte. Um vídeo comprometedor, ainda que falso, ainda que forçado, pode ferrar com você, com toda a sua família. Não é só um que paga, todos pagam.

Na prisão eu fui interrogado quatro vezes. O primeiro interrogatório durou três horas, assim como o segundo. O terceiro foi longuíssimo, mas não sei quanto porque duas vezes eu perdi os sentidos. O quarto, ao contrário, foi curto. Quatro interrogatórios, três vezes com tortura e uma sem.

Exigiam que eu admitisse ser filiado ao EI, eu negava. Pedia para que eles verificassem, eu lhes dizia: «Deixem-me falar com quem me acusa». Eu implorava: «Sejam justos, sou inocente». Durante o primeiro interrogatório, fui submetido a choques elétricos e golpeado com canos de plástico. Espancamentos, murros. Pauladas.

Mas eu não confessava, eu não podia me acusar de algo que não fiz. Realmente eu não era filiado.

Depois do primeiro interrogatório, fui transferido para outra prisão, onde me interrogaram outra vez. Fui agredido como um cão, havia dois oficiais encarregados do interrogatório, com os instrumentos de tortura de sempre, os cabos elétricos. Fui torturado durante horas, depois desmaiei, não sabia onde estava. Só fui acordar quando me levaram novamente para a cela. Antes dos outros interrogatórios, passaram-se alguns meses. Não pegaram nem as minhas impressões digitais, nada. Acusavam-me de ser do EI e não sabiam nada de mim.

Até que um dia me arrastaram de novo para fora da cela: «Agora vamos pegar sua impressão digital e você assina uma folha admitindo ser do EI». *E para me convencer:* «Olha que aqui todos fazem isso depois de um tempo».

Os métodos de tortura eram muitos, quem não conseguia se controlar acabava confessando que pertencia ao EI *e assinava essas folhas preparadas, o que equivalia a assinar a própria condenação à morte.*

Os meses passados na prisão foram realmente dramáticos, o lugar onde eu fiquei detido era composto de muitos dormitórios. Havia muitas salas e a cada sala foram designadas pessoas para vigiar, além do pessoal dos serviços secretos envolvido nos interrogatórios.

Eu estava na nona sala, onde passei toda a segunda parte da detenção. Tinha quinze metros de comprimento e mais ou menos sete de largura. Durante a minha prisão, o número de detentos variava entre 520 e 540.

Às vezes tiravam da sala trinta, quarenta ou até cinquenta prisioneiros para espancá-los no pátio. Alguns eram amarrados e agredidos, sempre no pátio, durante uma hora, às vezes mais, de modo que todos aqueles que estavam dentro das celas pudessem ver.

Tentar dormir também era difícil, por nove meses não consegui dormir deitado, em um metro quadrado ficávamos sentados em três. Você conseguia dormir somente devido à fadiga extrema.

Um ou outro durante as torturas era pendurado de cabeça para baixo. Entre agressões, insultos e ameaças, confissões forçadas. Eu entendo aqueles que confessaram. Muitos confessavam porque não conseguiam suportar os espancamentos: diziam ter ficado um mês com o EI, *ter se filiado por pouco tempo, admitiam algo que não tinham feito e pediam perdão.*

E quem sabe já pegaram dez anos de prisão ou foram condenados à morte ou já foram enforcados, e nenhum dos juízes jamais pensará ter cometido um erro condenando-os. Uma semana antes de me libertarem, interrogaram-me mais uma vez, mas sem tortura. Mesmas acusações, mesmas perguntas. Eu me perguntava o motivo de não me

CADA UM CARREGUE SUA CULPA 173

torturarem, mas eu estava pronto e, mais uma vez, não teria confessado. Realmente eu não era filiado ao EI.

Até que alguém da administração penitenciária me disse: «Rapaz, sai daqui, eles verificaram, você está limpo». Então eu assinei — vamos dizer assinar, mas é o negócio das impressões digitais —, coloquei a minha impressão digital no relatório do inquérito, o último, dessa vez sem agressões e sem pressões. E me deixaram sair.

Eu nunca soube se era verdade que um conhecido tinha me denunciado ou se era uma desculpa que os serviços secretos usavam com todos. E não sei por que tive mais sorte do que os outros, que ainda estão lá dentro ou já morreram. E mais sorte ainda do que outros de quem nunca mais tive notícias. No entanto, sei que desde quando saí da cela não confio mais em ninguém, estou sempre olhando para trás, sinto-me sempre observado.

Voltei para casa, para a minha família, e toda vez que batem na porta eu penso: voltaram para me pegar. E olho para minha mãe, que dá um pulo na cadeira. Toda vez. Ela, assim como eu, sabe que aqueles lá ainda estão entre nós e sabe também que muita gente se tornou má. Mesmo quem antes não era.

Porque a guerra transforma as pessoas, torna-as más. E então acontece que, se um vizinho ofende você, mesmo sendo uma briga particular, ou uma briga antiga, de anos, e quer se vingar, ele vai até o mukhtar[31] *e diz que alguém da sua família é do* EI. *E a família inteira fica numa enrascada. Então, eu não sei na verdade se alguém me denunciou e talvez não saiba nunca, mas acho que se aconteceu foi porque, quem sabe, alguém queria prejudicar o meu pai, por outros motivos. E que não tinha nada a ver com o* EI. *Ou que sempre tem a ver*

---

31 A palavra *mukhtar* significa «escolhido», e indica o chefe de um vilarejo ou *mahalle* (bairro). Os *mukhtar* em geral são selecionados por meio de um método consensual ou participativo, frequentemente com uma eleição.

com o EI. *Na prisão, não havia apenas rapazes como eu, havia também* os *ashbal al khalifa, os meninos, os rapazes do Califado. Eram muitos, todos nas celas, junto com inocentes, como eu. Doutrinavam, cantavam os* nasheed[32] *do* EI *e ameaçavam todo mundo: quem avisasse os chefes da prisão ia se ver com eles. Diziam: «Mais cedo ou mais tarde eles levarão todos nós para a prisão de Muhatta, e lá vocês acertarão as contas conosco se não ficarem quietos».*

Essa é uma prisão aberta e os prisioneiros se encontravam, tinham acesso a telefones e davam informações a quem estava fora. E então ameaçavam prejudicar quem denunciava os ashbal *e também as suas famílias, diziam: «Nós estamos aqui, mas lá fora tem alguém pronto para punir você». Não aceitavam que alguém usasse a palavra «Daesh», impunham que nas celas se usasse apenas Dawla, Estado.*

Eu vi gente jurando fidelidade na prisão, jovens e adultos. Fazendo a Bay'ah[33] *nas celas. Eu sou um menino e talvez entenda pouco, e eu vi essas coisas. Eu vi quem convencia os outros a jurar fidelidade e eu vi quem jurou, mas guardo isso comigo. Porque tenho medo.*

---

32   Os *nasheed* (literalmente «cantos») são uma ópera musical vocal, popular em todo o mundo islâmico. O material e os textos de um *nasheed* em geral fazem referência a tradições islâmicas, história e religião, assim como a acontecimentos mais atuais.

33   *Bay'ah*, na terminologia islâmica, indica o juramento de fidelidade a um líder. É conhecido por ter sido praticado pelo profeta Maomé.

AS SEMENTES DO EI

*A semelhança é em si uma traição; porque encoraja os outros
a nunca tentar nos conhecer.*
E. Jabès, *Uno straniero con, sotto il braccio,
un libro di piccolo formato*

O campo de refugiados de al Jaddah é uma extensão de
barracas cor de areia espalhadas pela areia iraquiana. O ocre do
entorno vira uma onda, opaca, sobre uma terra em que a gravidade é superada pelo calor tórrido dos dias infinitos de agosto.
O calor se levanta, o ar quente vence o frio e as crianças à beira do
campo, com as mãos atrás das costas, puxam carrinhos de madeira
carregados com televisores, lâmpadas, lanternas, rádios velhos.
Olhando de trás, os carrinhos parecem puxados por fantasmas, de
tão pequenas que são as crianças. Olhando à distância, parecem
levitar sobre a areia, sem o cansaço vivo que transparece em seus
rostos. O ocre cobre tudo: as barracas, os quilômetros de arame
farpado que circundam as seis seções do campo, os banheiros, a
guarita dos vigias que — armados — controlam as entradas e saídas.
O campo de refugiados de al Jaddah é um e é mil. Isso eu digo
a mim mesma enquanto me aproximo, dentro do carro que me leva
para lá, a quarenta quilômetros de Mossul. Vi mais de uma dezena
de campos de refugiados até então, talvez vinte.
Já vi tantos que antes de entrar preciso respirar fundo e me concentrar. Quando você viu cinco, dez, mais campos de refugiados,
essa expressão se torna uma única coisa, uma ideia, um conceito
normalizado. Campo-de-refugiados. Observo al Jaddah, a distância

entre mim e as barracas diminui, e me pergunto quantas haverá ali, quantas famílias, quantas famílias do EI. Repito a mim mesma o quanto é importante conhecer os números exatos dos fenômenos narrados. Mas primeiro preciso conter o estupor. Preciso me lembrar de que não posso acostumar os olhos a isso. A palavra *monstro* deriva de *monstrum*, que quer dizer prodígio, estupor, um fenômeno antinatural entre os homens e a terra. E esse campo me parece um monstro. Por isso devo conservar o estupor junto com a sensação de que estou assistindo a um prodígio e não narrando a crônica de uma emergência humanitária. Doze mil pessoas cujo espaço de vida é delimitado por um arame farpado. Uma mulher que desmaia diante dos meus olhos com dois filhos nos braços depois de ter caminhado por centenas e centenas de metros no campo sob o sol. Tudo isso é um *prodígio*.

Quando desço do carro, a temperatura é de 48 graus. Na entrada do campo, os homens se amontoam pedindo comida, as mulheres, um pouco mais afastadas, esperam a vez para receber uma lata de água. As crianças estão sujas. É a primeira coisa em que reparo. Nos campos de refugiados a vida se torna suja, as roupas fedem, os banheiros são seis contêineres de metal com um buraco de cimento no chão, em geral entupidos de fezes. Nas portas é possível ver o logo da Unicef, ou da Acnur, em azul-celeste mais claro ou mais escuro.

As tendas dos campos podem ser de vários tipos: há as barracas de lona, semelhantes às canadenses, há as tendas provisórias leves, em geral no formato de semicone. Quando você percorre os campos, passando por centenas de barracas, depois de um tempo é capaz de classificá-las pela comodidade: essa é espaçosa, aquela é baixa demais. Essa resiste melhor à água, aquela resiste melhor ao tempo.

As barracas de lona são leves, econômicas. São barracas familiares com dezesseis, vinte metros quadrados: um espaço

AS SEMENTES DO EI

pensado para uma família de cinco pessoas. Barracas que resistem ao calor, ao frio, que podem ser montadas facilmente e têm ainda um manual de instruções. Tão fácil que parece a Tok&Stok. Porém no manual também está escrito que as barracas familiares «são projetadas para uma solução de abrigo de curto prazo» e que a barraca «não é um substituto para um abrigo permanente». No campo de Zaatari, na Jordânia, existem cinco quilômetros quadrados de barracas para 100 mil pessoas, refugiados sírios que vivem lá desde 2012, nas barracas pensadas como abrigo temporário. Mas o temporário tornou-se permanente e agora em Zaatari existem até lojas, é uma cidade.

Depois há as barracas provisórias leves, as mais difundidas, além de serem as mais resistentes, impermeáveis. Feitas metade de algodão, metade de poliéster. Quatro por quatro metros. Pensadas sempre para uma família de cinco pessoas. Às vezes, porém, dormem dez lá dentro.

O que passa na sua cabeça observando as centenas de milhares de barracas, que são idênticas no Iraque ou na Nigéria, em Bangladesh ou na Somália, é que é vital aquilo que não se vê por lá. Não se vê eletricidade, o que com cinquenta graus significa ausência de um simples ventilador; mas significa também que a comida apodrece e as crianças ficam doentes; e em um campo de refugiados é possível morrer de diarreia. Não se vê uma sombra. Por quilômetros quadrados inteiros não existe um pedacinho de sombra para dizer aos filhos: «saiam da barraca, vão brincar». Mas, também, brincar do quê? Não se vê água. Porque a água nunca é suficiente. E nas barracas ela é guardada com o cuidado das coisas mais preciosas. Nem tanto para lavar as poucas roupas de quem mora nelas, mas para molhá-las. Para aliviar os corpos das temperaturas insuportáveis do verão.

Não se veem os banheiros. Que são sempre muito poucos. Tão poucos e mal dimensionados que é difícil dizer se é melhor querer que a barraca fique longe, ainda que você precise caminhar até quinze minutos para chegar neles; ou próximos, o que significa ter de aguentar odores nauseantes.

Sobretudo quando o sol se põe, não se veem mulheres indo ao banheiro, porque na promiscuidade dos campos de refugiados os banheiros são comuns e se tornam lugares de abuso sexual, e muitas mulheres, principalmente as sozinhas, preferem se segurar. Assim, é frequente ficarem doentes, com infecção nas vias urinárias. Os banheiros dos campos de refugiados são os lugares da mortificação, da humilhação. A impossibilidade de tomar um banho, de lavar o rosto, ter de escolher entre usar a água para comer ou se lavar; lavar a si mesmo ou os filhos; mandar a sua filha ao banheiro sozinha ou não a deixar sair da barraca, para protegê-la do perigo de alguém que a moleste.

Aquilo que você precisa se esforçar para não fazer em um campo de refugiados é pensar na vida que deixou para trás. Na sua casa. No seu banheiro, na cozinha que você sempre queria limpa e perfeita. Nas suas louças. Nos cheiros familiares do último prato quente que você cozinhou.

Não importa o que você deixou, como sua vida era antes, com que ritmo de normalidade e decência você comprava o pão na padaria mais próxima, o que agora conta é chegar antes do seu vizinho de barraca na distribuição da comida. Ter um pacote extra de farinha na despensa, ter um cobertor a mais, mesmo que não precise dele, porque da sua vida anterior você perdeu tudo, e então acumular um objeto mesmo que não seja útil talvez ajude a reconstruir um espaço. Que de outra forma está vazio.

O que conta é ter mais água do que o seu vizinho, assim você pode se lavar, lavar o seu filho, lavar as suas roupas; ter um pouco de sabão para se lembrar de que você não é um animal.

A quarta seção do campo de al Jaddah é formada por 4 mil barracas. Quatro mil barracas significam entre 12 mil e 20 mil pessoas.

AS SEMENTES DO EI   179

As Nações Unidas utilizam um multiplicador que varia de país para país. Nas tendas italianas poderiam ser três por núcleo familiar, aqui no Iraque podem chegar a dez. Há barracas em que, nos primeiros dias do pós-guerra, dormiam, umas sobre as outras, até doze pessoas. No longo verão iraquiano, a areia se acumulou e cobriu todas as barracas. Acumulou-se a areia e acumularam-se as pessoas, e com elas acumulou-se o ressentimento. O desejo de vingança está ali para preencher os vazios das vidas de quem escapou de Mossul, nesse espaço sem fim e, no entanto, claustrofóbico em que os filhos das vítimas estão destinados a viver com os filhos dos algozes. A vida se consome num presente em que ninguém é culpado e ninguém é inocente, porque a guerra embrutece, desfigura, transforma, e as perdas incuráveis tornam ressentidas até as almas mais puras, até mesmo as crianças.

Na guerra não existem crianças. Na guerra do EI, então, as crianças já são adultas, mártires à espera de se tornarem grandes o bastante para se explodir: nasceram para perpetuar o caminho dos pais, para ser mais puros do que eles, combatentes mais valorosos, homens mais corajosos, mais cruéis, mais devotos.

Marwa está descalça, deve ter uns oito anos, talvez menos. Os cabelos parecem estar presos há dias, despenteados pelo tempo, loiros. Tem os olhos castanhos, amadeirados, usa um vestido azul-celeste, parece um vestido de festa; talvez seja a última coisa que pôde levar consigo, ou sua mãe a vestiu assim durante o último dia de bombardeios. Talvez a tenha vestido bem por medo de que morresse, e para que a encontrassem morta, mas bonita. Marwa parece atordoada, como se tivesse perdido a direção dos seus passos, olha ao redor para procurar um ponto de referência, aturdida em seus pensamentos. «Vocês estão aqui para a reserva de vagas na escola?», pergunta, olhando para mim e para Hana, a amiga turcomana que acompanha meus dias de trabalho, que caminha ao meu lado. Somos mulheres, caminhamos sozinhas no campo de al Jaddah, não usamos o véu, fazemos perguntas, respondemos com sorrisos os sorrisos que encontramos. É o suficiente para que Marwa nos confie um pedido de ajuda. Que na verdade é uma oração.

«Quero voltar para a escola.»

O tempo de Marwa no campo de refugiados é, como para todos, um tempo que segue o ritual das refeições. O tempo de se nutrir, que por si só já preenche os dias. As longas filas para a comida de manhã, as mulheres esticando a farinha para fazer pão, as filas para a água, a limpeza das poucas louças à disposição, mais nada.

No campo de al Jaddah não há brinquedos: uma bola, uma boneca, um livro. É um verdadeiro não-lugar. Aqui você se dá conta do que significa despersonalizar uma vida, privar centenas de milhares de pessoas da possibilidade de construir relações sociais, de desenvolver as próprias identidades. O campo de refugiados é o não-lugar do anonimato. Todos estão aqui, mas ninguém habita este local. É um espaço onde as pessoas podem entrar, mas de onde não podem sair. Um lugar de proibições e negações, e, para os filhos do EI, de dupla negação. Marwa sabe que está andando na seção DD do campo, e que ao redor dela existem outras crianças, como sabe que aquelas crianças são filhas do EI. A seção DD é a seção em que ficam as famílias dos milicianos do EI, centenas de pessoas. Mulheres e crianças, os homens e os rapazes foram mortos na guerra, ou foram capturados e acabaram no buraco negro das prisões iraquianas.

«Minha mãe me disse para eu não vir aqui», diz Marwa, indicando com desprezo as barracas DD, «que não devo nem falar nem brincar com essas crianças. São diabos assassinos. São nojentos como os pais.» O pai e o irmão mais velho de Marwa foram mortos pelo EI; era março, em pleno conflito. Recusaram-se a combater

AS SEMENTES DO EI 181

contra o exército iraquiano e foram executados. Hoje Marwa e sua mãe são obrigadas a viver a poucas dezenas de metros dos familiares de quem arruinou a sua família, em uma provisoriedade — essa da vida de acampado — destinada a durar muito tempo. O tempo que os separa de um retorno a Mossul será um tempo de rancor e vingança. Os carrascos de ontem são as vítimas de hoje; as crianças, órfãs, portadoras imaculadas de um estigma. Os filhos dos milicianos. As sementes do EI.

Os rapazes iraquianos que trabalham no campo mostram-se preocupados com a tensão entre os civis e as famílias dos milicianos; «o pessoal precisa de proteção», diz Husain, do seu escritório na entrada de al Jaddah, rodeado por dezenas de pessoas que, nos quase cinquenta graus do verão iraquiano, esperam para receber um remédio, um documento, uma barraca extra: «isolamos as famílias do EI pela sua segurança, não para marginalizá-los. Ninguém os maltrata». Ao lado de Husain há um homem de uniforme, que se apresenta como um genérico encarregado da segurança do campo, mas a sua farda não tem divisas, nem brasões, nem distintivos. Não quer dizer o seu nome, nem o seu posto, nem a qual brigada ou polícia pertence. Explica que as «famílias do EI são examinadas e interrogadas no campo, porque algumas delas poderiam ser colaboradoras, poderiam esconder informações preciosas sobre as células dormentes que nós sabemos que estão a postos nos vilarejos em torno de Mossul e em Mossul leste. Essas pessoas viveram sob o EI por três anos, nenhuma dessas famílias é completamente inocente, mas estamos atentos à segurança delas, aqui, em al Jaddah».

Mesmo assim, na seção DD do campo, as mulheres têm medo, só que diante dos funcionários do campo mostram-se reverentes, não se lamentam, não protestam. Parecem aceitar passivamente ficar trancadas à chave nas barracas. As barracas da seção DD têm uma marca no lado direito, um sinal para identificar que são habitadas por mulheres e por filhos de milicianos. Olho em volta e vejo fantasmas. As famílias do EI quase nunca saem de suas barracas; caminhando pelas ruas do campo é possível ouvir as suas vozes, ver a silhueta dos seus corpos na alternância de luzes e sombras das barracas, mas olhar para seus rostos é quase impossível.

As mulheres e as crianças do EI foram os últimos a chegar ao campo; foram os últimos a deixar os escombros da cidade velha de Mossul, os últimos a escalar os restos das casas, dos comércios, das escolas, dos minaretes destruídos pelos bombardeios, os últimos a levar consigo um pano branco desfraldado diante dos soldados, como se dissessem: somos inocentes, estamos desarmados, também nós somos vítimas. Mas de pouco serviram os seus lenços brancos.

Porque, nas últimas semanas da guerra de Mossul, também os generais, não somente os meros soldados do front, tinham perdido o pudor e a vergonha de dizer: mataremos todos vocês.

As crianças no campo de al Jaddah têm feridas fundas. São crianças sem pernas, sem braços, sem olhos. O filho de Asma está deitado na tenda 74 da seção DD, perdeu o olho esquerdo quando foi ferido pelos estilhaços de um morteiro, sobre o buraco usa um tapa-olho marrom, sangue misturado a poeira, o suor lhe cobre o rosto e o pescoço, tenta dormir em cima das pernas de uma das irmãs, que tenta afastar as moscas do seu corpo. Usa uma camisa xadrez, sabe-se lá de quem era. O cheiro da barraca de Asma é o cheiro de todas as outras. Suor, ácido, azedo. Corpos amontoados, colchões imundos, comida estragada.

Apenas uma semana antes da minha chegada ao campo de al Jaddah dezenas de pessoas foram atingidas por crises de disenteria e vômito. Culpa da água, talvez, ou da comida estragada pelo calor excessivo. Olho para o filho de Asma, que não tem um pai, não tem um olho, não tem um banheiro.

AS SEMENTES DO EI 183

Asma tem as mãos de uma mulher que não precisou trabalhar, os seus olhos deixados à mostra pelo *niqab* são um abismo. Acho que Asma é muito bonita, penso em uma beleza altiva, feita de lentos rituais cotidianos; queria pedir a ela que me mostrasse o rosto, mas tenho pudor. Imagino-a dona de casa em Mossul oeste, presença constante nos quartos dos filhos, um grande tapete no chão para receber outras mulheres e servir o *iftar*,[34] imagino-a dando ordens às mulheres que trabalhavam para ela, imagino-a mulher orgulhosa de um miliciano do EI.

Quando entro na barraca, Asma se desdobra para me receber, movendo-se com uma graça que pouco combina com o espaço do campo de refugiados.

Ela pede a uma das filhas que pegue água e me ofereça, há um único copo na barraca, bebe um de cada vez. Não há copos suficientes, não há pratos suficientes, nem suficientes são os colchões e os lençóis.

A vida no campo é uma vida de coisas faltantes.

Hana, cuidando para não ser notada, acena um não para mim com a cabeça, um não que significa «Não beba, cuidado, as doenças, as infecções...». E que também significa a distância entre nós e eles. Nesse copo de água, que nas mãos de Asma é um presente, Asma se priva de algo que naquela barraca é indispensável, no copo de água que eu deveria recusar está a distância entre a minha vida e a dela.

O marido de Asma morreu em junho, lutando nas fileiras do Estado Islâmico: «Desde que estamos aqui, as nossas mãos são apenas palmas estendidas para pedir ajuda. São mãos de esmola. Eu nunca havia pedido esmola antes. Se saímos para pegar água,

---

34 É a refeição da noite consumida pelos muçulmanos, que interrompe seu jejum diário durante o mês islâmico do Ramadã.

dizem-nos que matarão quatro de nós para cada um dos seus mortos em Mossul. E nós não podemos responder, estamos sozinhas, temos medo. Então voltamos para as barracas. Quando chega o tanque com a água, nós não a recebemos, quando chegam as ajudas alimentares, precisamos nos esconder, ser as últimas a chegar na fila e torcer para que ninguém nos perceba».

«Como é a sua relação com as pessoas do campo?»

«Até as crianças nos metem medo, ameaçam-nos enquanto dormimos, batem nos nossos filhos. Dizem que devemos nos envergonhar.»

«E como você se sente quando dizem que deveria se envergonhar, você acha que deveria?»

«Sim, somos família do EI, e não negamos isso, porque escolhemos a nossa vida e aceitaremos o nosso destino. Estamos presos aqui, quando você recebe um simples cesto de comida, deve estar preparada para receber toneladas de insultos. E deve se calar. Quando tentei pedir mais comida a um dos responsáveis pelo campo, um homem investiu contra mim e me deu um chute. Eu lhe perguntei: 'Por que você está me fazendo isso, não quer ajudar um necessitado em nome de Alá?'. Ele me respondeu que nesse campo não há espaço para Alá. Não há espaço para Alá? Ele ofende Alá e se diverte nos torturando, e então eu disse a ele que era um homem injusto, que o tempo mudará novamente as coisas. No dia seguinte, a polícia levou o meu filho, que queria brincar com outras crianças, fui até lá, ele estava em um canto e as outras crianças gritavam para ele 'Sua mãe é uma puta, você é um filho da puta'. Eu disse aos meus filhos que os tempos mudarão outra vez, hoje é comigo e amanhã com você, Alá enviará alguém para fazer o mesmo contra quem hoje nos maltrata.»

Quando Asma pronuncia essas últimas palavras, quando diz «Os tempos mudarão outra vez, hoje é comigo e amanhã com

AS SEMENTES DO EI 185

você», eu me detenho e a detenho. Naquela frase está a trama dos próximos anos; poderíamos parar por aqui, fazer um exercício de imaginação, encontrarmo-nos idealmente daqui a uma década e talvez os filhos de Asma, os filhos sobreviventes, estejam lutando em alguma organização extremista, que não se chamará EI, que terá um outro nome, que provavelmente lhes dará as respostas necessárias para explicar uma infância de abusos e retaliações. E, do nosso lado do mundo, nós os chamaremos de terroristas sem entendermos por quê, fitaremos esses rapazes sem nos lembrarmos de que foram crianças, esquecendo-nos de que assistimos às suas infâncias de abusos e retaliações.

«Hoje é comigo, amanhã é com você» é o título de uma história feita de semelhanças, de sementes fáceis de decifrar e de prever, mas nunca exorcizadas. Eu bebo a água do copo de Asma, e percebo, segurando-o, que naquele copo Asma está derramando em mim séculos de costumes. De hospitalidade. Eu bebo a água de Asma e penso que o campo parece o lugar da imobilidade, mas não o é. Uma pessoa obrigada a viver em um espaço imóvel não é imóvel, cresce na vertical, cresce em profundidade. Deixa germinarem as sementes das pulsões violentas. Busca uma razão e uma vingança.

Noor tem dezesseis anos, está em uma das barracas da seção DD, com sua mãe e os irmãos que lhe restam. Usa apenas um véu que lhe cobre a cabeça, é a única entre as mulheres com o rosto descoberto, tem um aspecto emaciado, olheiras, dentes amarelados. Quem sabe por quanto tempo não pôde se lavar na Mossul sitiada.

Usa uma *abaya* azul. Tem um par de chinelos surrados, sob a *abaya* entrevejo um macacão velho. A parte de baixo do seu vestido está suja, marrom, parece barro seco encardido há dias. As mãos, também sujas, são de menina, os dedos carnudos, um pouco desajeitados.

Segura uma vassoura para afastar os meninos que ficam em volta da barraca querendo ouvir nossa conversa; das barracas vizinhas chegam cinco, seis, sete curiosos com a nossa presença. «Vão embora, precisamos falar de coisas de adultos», Noor lhes diz, enquanto corre atrás deles por alguns metros levantando areia com o vestido comprido demais.

Parece uma menina entre os meninos, Noor. No entanto, é possível ler em seu olhar a consciência do próprio corpo, a malícia de quem é vista com desejo, a desenvoltura de quem sabe o que é o prazer.

Tem dezesseis anos, perdeu o pai, morto como alguns de seus irmãos na guerra de Mossul, e perdeu também seu marido. Noor é viúva e órfã do EI. Seu marido, Malik, um miliciano de 21 anos com quem havia se casado apenas dez meses antes, foi morto durante um bombardeio.

«Qual é a primeira coisa que você pensa quando pensa em seu marido?»

O rosto de Noor se acende, parece usar com naturalidade o seu sorriso mais bonito, tem palavras de orgulho e admiração. Quando fala dele, torna-se subitamente faladora. Como os adolescentes apaixonados de todo o mundo, quando solicitados a falar da pessoa amada e sabem proferir palavras costuradas de ternura e dilatam o tempo em detalhes aparentemente desimportantes.

Na guerra nunca se fala o bastante do amor. O amor é um tabu, um segredo que deve ser resguardado e protegido dos olhos e ouvidos dos outros.

«Tínhamos uma vida linda em Mossul, e éramos generosos com todos, hoje nos tornamos miseráveis. Tínhamos comida e bebida em abundância, e, mesmo quando havia menos abundância, mesmo durante a guerra, nós éramos felizes porque sabíamos estar no caminho certo. Ajudamos os outros, criamos coragem. Ajudamos uns aos outros com o Alcorão. Os dez meses passados com meu marido foram os mais bonitos da minha vida, com ele me aproximei dos verdadeiros ensinamentos do Islã. Hoje, em vez disso, somos obrigados a viver perto de pessoas que nos odeiam.»

«Conte para mim um ensinamento do Islã, a primeira sura que lhe vem à cabeça agora, aqui no campo de refugiados.»

«Eu rezo para Alá todos os dias e todos os dias me lembro do que diz o Alcorão (9:51): 'Seremos atingidos somente por aquilo que Alá reservou para nós'. Se estamos aqui, quer dizer que Alá pensa ser o correto, e preciso entender como ser útil às nossas convicções a partir daqui. Estabelecemos o Califado para construir um lugar onde podemos viver aplicando verdadeiramente a *sharia*, hoje perdemos Mossul e estamos aqui, nessas barracas, quer dizer que essa passagem deve ser um trecho do percurso. E eu quero ser útil a Alá como queria sê-lo na guerra, no front.»

«Como era a sua vida em Mossul, Noor, antes da chegada do EI?»

«'Antes da chegada do EI' é uma expressão que não significa nada para nós, é uma ideia de vocês, ocidentais. Na vida da minha família não mudou nada, a nossa família é conservadora, a vida era a mesma antes de 2014. O nosso jeito de vestir, praticar a religião, o nosso modo de rezar e usar maquiagem, não mudou. Na nossa vida de antes também era proibido para as mulheres apertar a mão dos homens, como era proibido usar jeans ou vestidos curtos, e mostrar o rosto em público. Em Mossul estávamos construindo o nosso Estado, o Estado que nos espera. E estávamos felizes com isso.»

«Você nunca se arrependeu? Durante as últimas semanas de guerra, sob bombardeio, você nunca pensou: o que eu estou fazendo aqui?»

«Não, eu pensei que teria sacrificado a minha vida também se tivesse sido necessário. O único arrependimento que tenho é o de não ter tido tempo de dar um filho a Malik, de dar um filho para o Califado. Procurei ser uma boa mulher, obediente e respeitosa, ser uma mulher grata a Alá pelo bom destino que estava me dando. Fui a boa mulher de um mujahidin e teria sido também a boa mãe de um futuro combatente.»

Enquanto Noor fala, sua tia e sua mãe, sentadas ao lado dela, concordam e choram, mexem as mãos e o rosto com gestos diretos, seguros. Eu vejo nessas mulheres não apenas o orgulho de terem feito parte do projeto de construção do Estado Islâmico, vejo nelas também um fascínio que se espalha pela barraca palavra após palavra, lembrança após lembrança, memória após memória. Noor fala, as mulheres concordam, elas a interrompem, reiteram as suas palavras, sentem-se tendo razão. Elaboram a dor e as perdas como um passo necessário para quem vê a jihad como único futuro possível. Repetem para mim que a democracia faliu, que a ocupação no Iraque trouxe somente outra guerra e injustiças e corrupção.

Democracia é opressão, dizem-me essas mulheres, que viram no desastre na época da ocupação americana o melhor pretexto possível para apoiar o projeto do Califado, em busca de uma sociedade na qual não se sentissem oprimidas.

Sinto a atração que elas exercem sobre mim quando falam dos pais mortos na guerra em presença dos próprios filhos, das crianças feridas. Maridos mártires, pais mártires. Vejo o fascínio, a persuasão que essas mulheres exercem sobre as crianças, percebo que esse mesmo fascínio elas exercem sobre mim, pois suas palavras destroem um estereótipo que carrego, o da mulher submissa, o da mulher que — no Estado Islâmico — é apenas vítima, e não sobretudo parte ativa da sociedade.

O fascínio delas influencia a ação dos meus julgamentos, eu as ouço e reavalio todos os lugares-comuns que acompanham a narrativa da condição feminina no Estado Islâmico: mulheres segregadas em uma posição social subordinada à vontade masculina, privadas de poder de decisão, sujeitos passivos destinados

AS SEMENTES DO EI 189

à obediência a pais, irmãos e maridos prontos para pontuar com suas ordens todos os passos de suas vidas, objeto de diversão sexual, caladas, mulheres cujo corpo é constantemente negado pela escuridão de um *niqab*.

No entanto, as mulheres que vejo à minha frente, que aceitam falar comigo, contam uma outra história. Falam de uma organização que deu ao papel da mulher uma atenção e uma importância peculiares; elas foram essenciais para o desenvolvimento do Estado Islâmico, cruciais para fazer crescer a população dos jihadistas do amanhã, aplicar o princípio de sobrevivência e expansão das ideias do Califado por meio das novas gerações. A mulher, a mãe do EI, é mãe de um futuro mártir.

A mulher, a mãe do EI sabe, como sabia Noor desejando um filho de Malik, que esse filho está destinado a combater e morrer em nome do Califado.

Esposa de mártir, mãe de mártir.

Por que as mulheres ajudam e ajudaram o EI? Por que uma jovenzinha de dezesseis anos como Noor enche de orgulho as suas palavras? É apenas romantismo adolescente, que torna heroica até a mais tola das ideias, ou por trás da vida de centenas de Noor há uma mudança — talvez de época — que temos dificuldade de compreender?

É um impulso movido por algo que vai além da motivação religiosa, a partir do desejo de legitimidade, de uma urgência de emancipação. Parece contraditório que as mulheres tenham buscado e busquem a realização pessoal em um grupo violento e misógino como o EI. Mas o que as meninas como Noor buscam é que seja dado a elas um papel de proeminência, de responsabilidade, em uma sociedade onde tradicionalmente o papel da mulher é profundamente limitado. A jihad feminina, o suporte que essas jovens e essas mulheres dão aos seus homens — mesmo não podendo participar da luta armada — é um papel ativo, que garante a elas o respeito da comunidade.

Noor não queria apenas se casar com um miliciano, queria ser viúva dele. O sonho dos eternos contos de fadas de todas as jovenzinhas do mundo, no EI, tem uma etapa a mais. Ser esposa, mãe e viúva. Noor casou-se, assim como todas as outras meninas do EI, sabendo que ia ao encontro da viuvez, uma viuvez que, longe de enfraquecer as suas convicções, torna-as ainda mais sólidas. Agora ela deve exaltar a lembrança e o sacrifício do marido amado e perdido: Noor era uma esposa, hoje é a continuação ideal da mensagem do marido.

«Você acha que é uma perda», ela me disse, «mas para mim é uma honra ter sido mulher de um combatente.»

A tia de Noor, Samah, perdeu oito dos seus onze filhos em Mossul. Antes ainda de começar a falar, as lágrimas correm pelos poucos centímetros de rosto que consigo ver.

«Antes de 2014 éramos uma minoria submissa, o governo não se preocupava conosco, as instituições não se preocupavam conosco, nós só buscamos viver melhor e conseguimos. Hoje não apenas perdemos os nossos homens, a nossa terra, as nossas casas, mas perdemos também a possibilidade de criar os nossos filhos sem sermos odiadas. Essa manhã um homem que estava na fila perto de mim me reconheceu, compreendeu que eu era do EI e começou a gritar dizendo que eu era uma vagabunda e deu um chute no meu filho e ninguém o impediu. Ninguém o interrompeu.»

«Por que você não fugiu antes, Samah? Por que esperou os últimos dias da guerra para ir embora? Não acha que algum de seus filhos teria conseguido se salvar?»

«Eu quero ser clara. Nós escolhemos estar lá, os nossos maridos não nos obrigaram. Ninguém me impôs ficar em Mossul até o fim, nós escolhemos isso porque era nosso dever. Quero contar uma coisa para você. Quero contar como minha filha morreu. Bombardeavam tudo em volta. Nós nos escondíamos, eu estava em um quarto com a última dos meus filhos, Arwa, tinha dois anos. Ouvíamos caírem os morteiros, e quando bombardeavam os prédios próximos ao nosso as paredes tremiam. As crianças gritavam forte, também Arwa gritava e eu não sabia como acalmá-la. E os homens estavam todos fora. Estavam mais avançados, combatendo, defendendo-se e defendendo-nos, e então de repente um morteiro atingiu a nossa casa, um estilhaço atingiu Arwa, arrancou um pedaço do seu braço. Ela gritava e perdia sangue, eu gritava e vimos chegarem os soldados iraquianos que entravam nas casas à procura dos nossos homens, e eu me ajoelhei e disse: 'Peguem a menina, salvem-na, ajudem-me', e eles não me escutaram, viram a menina no meu colo, sem um pedaço do braço. Sangrava e eles estavam ali e seguiram direto para procurar os nossos homens. Arwa morreu nos meus braços e ninguém fez nada», diz, apontando para os três filhos sobreviventes, «teria sido melhor morrer em Mossul. Sim, também para os meninos. Mas agora precisamos resistir e seguir adiante.»

Samah tem uma idade indefinida. Poderia ter tanto cinquenta como cem anos. Vejo pouco dela, uma ou outra ruga em volta dos olhos, os dedos que se esfregam uns nos outros como se ela tivesse entre as mãos um retalho para encher de nós. Penso que o que a motivou nesses anos seja um sentimento autêntico de defesa, e que o EI tenha representado para ela, e represente ainda, a necessidade de se opor à exclusão de quem se sentiu vítima, na condição de sunita, do governo de Bagdá.

O que a motivou foi a esperança de evitar para os seus filhos a futura marginalização. Ela viu no EI a possibilidade de garantir a si mesma e aos seus onze filhos a dignidade de uma vida que não estivesse à margem de uma sociedade. Uma inferioridade religiosa, política, econômica. Quando conta a morte de sua filha, do seu sangrar desamparado diante dos soldados, Samah fala de uma quebra, destinada a gerar outras fissuras.

Samah, Noor e as outras mulheres do EI passam os dias nas barracas, as horas são marcadas pelas palavras que lhes dão suporte, que guardam a memória dos seus mártires e estendem a memória dos mártires à educação dos filhos sobreviventes.

Para elas, o que significou ser mãe? Nunca desejaram intimamente para os seus filhos uma vida sem armas, ou vê-los livres, não consumidos pela vingança? Qual é a forma de cuidar dos menores e o que significa para uma mãe educar o filho para desejar a morte em nome do projeto do Estado Islâmico? Hoje protegem as crianças dos insultos e da raiva mantendo-os ao lado de si nas barracas, o dia inteiro. Mas, protegendo-os dos insultos, expõem-nos a uma manifestação diária de raiva, a escutar suas dores, a buscar um inimigo: pouco importa que sejam os xiitas, os americanos, os infiéis todos ou simplesmente vizinhos de barraca. O que importa é que mantenham, apenas pelo fato de existir, o peso do ódio, o desejo bárbaro de vingança. Obrigam as crianças a escutar palavras que estão destinadas a se tornar as raízes da futura radicalização, não mais por parte dos pais que combatem em nome do Califado, mas por parte de suas mães, recrutadoras involuntárias de novos mujahidin.

Mulheres e filhos dos algozes vivem ao lado das vítimas. Numa proximidade que quer dizer guerra outra vez, numa proximidade que quer dizer abismo.

«Eu também sou uma mãe que chora os seus filhos, eu também estou sofrendo, não sei o que aconteceu com o resto da minha família, não tenho um lugar onde chorar os meus entes queridos, os bombardeios americanos destruíram tudo. O corpo dos meus filhos está debaixo dos escombros, como centenas de outros corpos. Mas os corpos dos nossos mártires não merecem sequer sepultura, não merecem nada.»

AS SEMENTES DO EI

As mulheres do EI não mostram arrependimento nem remorso. Elas sentem que não têm nada de que se arrepender. Passam os dias alimentando a ideologia que as levou para o campo de al Jaddah. Um lugar onde ainda não há escolas, nem projetos de desradicalização e de reinserção.

«Estou certa de que os meus filhos serão maltratados, que os meus filhos sofrerão as mesmas injustiças que viveram os pais antes de 2014, serão para sempre e para todos os filhos do EI, e eu farei de tudo para explicar a eles a necessidade de se defender. A necessidade de lutar contra os infiéis, pois é nosso dever viver sob a lei de Deus, não sob a dos homens. E nós faremos de tudo para levar os nossos filhos pelo caminho de seus pais.»

Samah baixa o olhar e chora, mas em seu pranto não há clemência, e sim obstinação. A mesma que al Adnani invocava em um dos seus últimos sermões: «A verdadeira derrota é a perda da força de vontade. E do desejo de lutar. Seríamos derrotados e vocês vitoriosos apenas se vocês pudessem arrancar o Alcorão do coração dos muçulmanos. Mas vocês não podem».

Badia, 45 anos, distrito de al Tanak, Mossul oeste, inverno de 2018

Nunca tive uma vida fácil, foi uma vida ingrata a minha. Tenho belas recordações da minha infância, e depois só dor.

Nós nunca os apoiamos, nunca. Ficamos em Mossul porque não tínhamos entendido, daí quando entendemos não conseguimos fugir.

Mas eles nos castigaram.

Deixaram morrer uma das minhas irmãs.

Estava no hospital, entraram os homens do EI e desligaram o soro, disseram ao seu filho: «Os infiéis não merecem ser curados». E a deixaram morrer.

Depois executaram os meus irmãos e o meu marido.

Massacraram o meu filho, o meu único filho.

Uma noite irromperam em casa e levaram embora todos os homens.

Usavam balaclavas, mas reconhecemos um deles, chama-se Abu Sliman, de Tikrit, sabíamos que a sua tarefa era juntar as pessoas para executá-las.

Um velho me havia falado desse Abu Sliman, que juntava as famílias para matá-las perto das trincheiras. Diziam que mandava os seus homens vestirem os uniformes dos soldados iraquianos para capturar quem tentasse escapar à noite. Os seus homens fingiam ser soldados que ajudavam o pessoal de Mossul a fugir do EI. Daí as pessoas confiavam, pensando que estavam salvas, mas em vez disso acabavam nas mãos desses falsos soldados. Executavam todos, homens, *mulheres, crianças, velhos. Todos lá, mortos perto da trincheira. Está cheia, cheia de cadáveres.*

Quando entraram, pegaram primeiro meu irmão Iliass, arrastaram-no para trás de um carro, amarraram-no e o chicotearam.

As crianças viram tudo.

Passavam as horas e nenhum dos nossos homens voltava. Fiquei em pé, apoiada no batente da porta até que um velho do bairro se aproximou e me perguntou: «Badia, o que você faz aí na porta?».

Eu lhe respondi: «Estou esperando».

Então ele me disse: «Siga-me», «Apoie-se em mim».

Eu lhe disse: «Sinto uma dor no coração». Mas ele havia parado de falar.

Eu o segui até a ponte, era lua cheia, nenhuma outra luz, só a lua cheia. O velho apontou para uns corpos perto do rio, alguns estavam com metade do corpo na água e eu não conseguia distingui-los, reconhecê-los. Mas dentro de mim eu sabia. Até que vi um dos meus irmãos. Com os olhos arregalados.

Comecei a correr, havia sangue por toda parte, eram os meus irmãos, meu marido, o meu único filho. Eu não conseguia emitir nenhum som. Joguei-me em cima deles porque não queria que a água do rio os arrastasse, as cabeças estavam quebradas, recolhi os pedaços da cabeça deles em meio ao sangue e em meio à lama.

Tentei arrastar o corpo do meu filho junto comigo, erguia os braços para o céu: «Yasin, volte para casa comigo, volte para casa com a sua mãe».

Escreveram nas costas dele com uma faca: «Traidor infiel».

O velho me levou embora, eu não queria, ele me tirou de lá à força.

Quando voltei para casa tinha as roupas cobertas de sangue, olhei-me no espelho: estava vermelha com o sangue dos meus amores, minha casa estava cheia de sangue, como se tivéssemos degolado a cabra.

Naqueles dias não havia nada na nossa casa, estávamos sitiados, não tínhamos o que beber nem o que comer.

Havíamos coletado água da chuva e comido trigo seco e cru para não morrer de fome, comemos trigo seco por um mês.

Isso porque meu marido e meu filho queriam fugir, queriam tentar fugir e o EI *executou todos.*

O que é mais difícil para mim, agora, não é tê-los perdido. Não é ter perdido meu filho. O que é mais difícil para mim, agora, é continuar viva. Estou viva ainda que não tenha motivo para viver. Olho em volta, olho para as sobrinhas que me restam, olho para minha mãe e por elas não posso tirar minha vida.

Meu filho... Às vezes ouço meu filho chamar «mamãe». Eu o criei bem, era um filho generoso e justo. Era um menino simpático e ingênuo. Quando eu precisava de um sorriso, passava um pouco de tempo com ele, e lhe dizia: «Yasin, vem mimar um pouco a sua mãe».

Agora não tem homem aqui, cuido da minha mãe inválida, da minha irmã e das filhas dela. Fico mendigando algo para matar a nossa fome.

Alguns nos dão uma força e nos ajudam, outros não. Fico muito envergonhada.

Quando vou mendigar pelas casas, com muito custo volto com um naco de pão, por aqui são todos pobres como nós.

Quando saio de casa, eu fico desorientada, às vezes caminho e caminho, os vizinhos me perguntam: «Qual é o problema?». Eu, porém, às vezes não me lembro de como cheguei ali, fiquei perdida. Sinto--me perdida.

Não sei como ajudar minha irmã e as meninas, não posso nem mentir para as pequenas porque elas viram tudo, sabem tudo, sabem que o pai foi levado embora para ser morto, sabem que o EI *executou todo mundo.*

Quando preciso de conforto, agora, vou ao cemitério e falo com Yasin, digo a ele que me faz falta.

«Yasin, você me faz falta, vem comigo, eu queria me apoiar no seu ombro.»

CADA UM CARREGUE SUA CULPA

Nada mais está nas nossas mãos, nossas asas estão amputadas para sempre.

Já não estamos vivos, a nossa vida já não é real, somos muitos corpos sem alma que vagueiam por essa cidade destruída.

Durante o dia sobrevivemos, durante a noite somos aterrorizados pela ideia de que alguém chegue para nos levar embora e nos fazer mal.

Somos apenas mulheres nesta casa, temo por minha mãe, por minha irmã, por mim mesma.

Às vezes eu as observo, peço a Deus para que nos ajude, mas não sei o que fazer, então chamo os meus amores pelo nome. Mohammed, Aiuob, Younus, Khidhair, Iliass, Yasin.

Às vezes imagino Yasin entrando em casa, então fico na porta esperando. Mas ele não chega nunca.

Asma, quarenta anos, viúva de um miliciano do EI, campo de al Jaddah, verão de 2017

Minha filha Arwa estava cozinhando, era de manhã, ela pegou a massa do pão e me disse: «Mamãe, a gente se vê daqui a pouco». Ela ia até o forno, fora. Foi atingida por um RPG.[35] E morreu assim, com a massa do pão nas mãos. Tinha nascido em 1995, era uma menina lindíssima, já mãe de duas crianças, tão jovem, tão bonita e já viúva. Seu marido morreu combatendo em al Tanak. Não tive tempo de chorar por ela e uma bomba atingiu a nossa casa e levou embora também as crianças, os seus dois filhos. Agora não tenho mais ninguém. Na guerra perdi meu marido, meus filhos, meus sobrinhos. Perdi doze pessoas, doze. Não eram apenas meus filhos, eram meus amigos, meu conforto. Agora não tenho mais ninguém.

Eu era mãe de quatro jovens rapazes e de uma menina esplêndida. Os rapazes tinham se formado com notas muito altas, teriam uma vida cheia de satisfações.

Nenhum de nós jamais se arrependeu de ter escolhido esse caminho, de ter apoiado o EI, nem mesmo nos últimos meses de guerra. Toda mulher deve obediência a seu marido, e eu tinha treze anos quando fui prometida ao meu, que era meu primo por parte de mãe. Passei com ele a vida inteira. Foi um irmão, um amigo, um guia. O Profeta — que a paz esteja com ele — diz: «Que o amigo inspire o companheiro».

---

35 Granada lançada por foguete; é um sistema de armas antitanque apoiado no ombro, que dispara projéteis equipados com uma ogiva explosiva.

CADA UM CARREGUE SUA CULPA

É isso, eu acreditava no meu marido e todo dia pedia a Deus para conceder-lhe o Paraíso Supremo.

Meu marido não estava interessado em dinheiro, não era um homem ganancioso, era generoso e queria apenas estabelecer a lei de Deus. Trabalhava para o departamento de Diwan al Zakat do EI [parte da autoridade financeira islâmica], ajudava os pobres, distribuía dinheiro e comida aos necessitados. Às vezes lhes dava até ovelhas, além do dinheiro. Aos filiados com mais frequência, claro, mas era sempre gente necessitada.

Nunca exerceu nenhuma pressão sobre mim. Não precisava fazer isso.

Eu o segui porque confiava nas suas escolhas, voltava para casa no dia do pagamento — ganhava um salário de 1,5 milhão de dinares iraquianos — e tinha o hábito de doar parte do dinheiro às famílias dos filiados. Meu marido era engenheiro, tínhamos dinheiro e riqueza. E doávamos para toda a região. Toda a comunidade reconhecia nossas ações.

Nunca deixou um pobre sem ajuda. E rezo para que suas boas ações contem no paraíso.

Ajudava órfãos e viúvas, quando via uma mulher vivendo na miséria, dizia-me sempre: «Nada está perdido se ajudamos os outros». Dizia-me que, se também eu ficasse viúva, os filiados cuidariam de mim. Em vez disso, agora estou aqui, nesse campo, trancada à chave na minha barraca, apavorada, maltratada. E sozinha. Possa Deus vingar-se de quem levou embora meu amado marido, os filhos, os sobrinhos. Amaldiçoo os soldados e os países ocidentais dia e noite, peço a Deus que possa sacudir a terra debaixo de seus pés, que possa agitar os mares sobre suas vidas e faça tremer as montanhas. Que possa fazê-los experimentar a dor pela perda dos próprios filhos.

Você me pergunta se chamo isso de vingança? Respondo dizendo que chamo de justiça. A nossa casa, em Mossul, era belíssima. Uma casa grande de dois andares, nós a havíamos construído para nós e para os nossos meninos. Vimos se casarem apenas Hassan e Arwa. Hassan foi morto dois meses depois do casamento. Estou furiosa, furiosa com todos. Iraquianos, americanos. Furiosa.

É uma história antiga para nós, você acha o quê? Acha que nos sentimos perseguidos somente agora? A primeira vez que os americanos revistaram a nossa casa foi em 2010. E em um ano revistaram mais cinco vezes. Procuravam meu marido, chegaram até a prendê-lo uma vez. Ele me dizia sentir-se tratado como um prisioneiro de guerra, mas que não se sentia em perigo como com os xiitas das Forças de Mobilização Popular.

Eles ficam nos observando, entende? Sempre nos observaram e nos trataram como cães. E mesmo agora nos vigiam, os xiitas, o mukabarat [serviços secretos], a polícia, as pessoas. Nós, nós do EI nunca estamos sozinhos, somos constantemente observados. Ficam rondando as nossas barracas até de noite. No dia em que chegamos aqui, há sete meses, com minha irmã e os filhos dela, a polícia nos disse: «Não daremos trégua a vocês». E é verdade, não nos dão trégua. Por isso temos medo. Nunca saímos das barracas depois do pôr do sol, entramos aqui no entardecer, trazemos uma pequena panela com um pouco de arroz, e os copos com água. Nunca saímos.

Um dia após a distribuição da comida — pegamos leite, pão e um pouco de timman *[arroz iraquiano] —, decidimos guardar o arroz, tentar revendê-lo a outras pessoas porque precisamos do dinheiro para comprar remédios. Um soldado ficou sabendo que queríamos revender o arroz e destruiu o saco. Assim ficamos sem o arroz e sem o dinheiro.*

Os filhos da minha irmã não brincam, não se misturam com ninguém. Ninguém fala conosco. Falam somente pelas nossas costas, falam às escondidas, mas nunca com a gente junto. As nossas crianças caminham com um olhar baixo por medo de serem agredidas. Preferem que ninguém fale com elas, para não receberem xingamentos e cusparadas.

CADA UM CARREGUE SUA CULPA

Há um mês, o filho da minha irmã queria encher uma bacia com água, andou até o tanque e um grupo de crianças parou em frente à torneira e o impediu. Disseram a ele: «O seu pai estava com o EI, nada de água».

E você não pode fazer nada, faz uma reclamação com o pessoal da administração do campo, diz: «A situação é essa, por favor, precisamos de água, por favor, mandem o caminhão-pipa para cá, para encher as nossas bacias, por favor, as nossas crianças estão com medo», e eles respondem: «Vocês não merecem que a gente encha as suas bacias, vocês são do EI».

E ontem, ainda, minha sobrinha entrou na fila — precisamos de água, o que podemos fazer? —, encheu duas garrafas e um soldado lhe perguntou: «O seu pai era do EI?». Ela disse que sim, fazendo um gesto com a cabeça, e o soldado ordenou que jogasse a água num fosso: «Maldito seja seu pai, maldito o pai de quem deu à luz você, vocês são apenas cães». A menina voltou para a barraca aterrorizada, tremendo, não falava e não comia.

Existe um homem de Mossul que perdeu os filhos durante a guerra — sofre, sei, mas que culpa tenho disso? —, anda todos os dias em volta das nossas barracas. Não bate, não entra, apenas diz: «Um dia queimarei as barracas com vocês dentro». Então um dia desses eu saí, chorando, e lhe disse: «Por que, em vez de nos ameaçar, não pega todo mundo, mulheres e crianças, coloca em fila um por um aqui fora e mata?». Foi embora. Mas vai voltar.

Que culpa nós temos? Nós, mulheres e crianças, viúvas e órfãos, que culpa temos? Para mim já acabou porque perdi tudo, sei que Deus será nosso Juiz porque com Deus nada está perdido, mas o que será do futuro das nossas crianças?

As crianças não conseguem esquecer, e sabe por quê? Porque as pessoas não querem esquecer, não nos farão esquecer. Não é verdade que depois das guerras as pessoas querem esquecer.

Depois das guerras as pessoas ficam piores do que antes.

***Hanan, dezessete anos, bairro al Tanak, oeste de Mosul,
primavera de 2018***

*Eu apaguei quase tudo do telefone, mensagens, fotografias, não
ficou nada. Tenho medo de uma outra apreensão, ou algo do gênero.
Sobraram apenas duas imagens, uma do meu pai e uma do meu
marido. Para mim esses são os dias mais difíceis, aproxima-se o Eid,
são os dias em que há um ano mataram meu pai. Morreram um após
o outro. Meu pai, os meus irmãos. Os meus tios. E por fim meu marido.*

*Meu irmão era cheio de virtudes, os professores na escola corânica
diziam que tinha grande talento, que teria se tornado um verdadeiro
defensor do Islã. Morreu bombardeado. Tinha quatorze anos.*

*Meu pai era mecânico, todos os homens da nossa família traba-
lhavam como mecânicos antes de 2014. Tínhamos muitos geradores
de eletricidade, e, sabe, em uma cidade como Mossul, o gerador é uma
riqueza. Quando o EI chegou, papai começou a trabalhar no hospital,
sua função era administrar os geradores de eletricidade também lá, e
quando a guerra começou ele ficava transportando os feridos, tinha
dois carros grandes nas suas oficinas e os havia colocado à disposição
de todos, usava-os como ambulância. Muitas vezes ele nos levava ao
hospital, pedia-me para ajudar. Queria que eu me tornasse enfermeira,
a serviço do EI.*

*Tio Marawan conseguiu se salvar, ele é ferreiro, todos o conhe-
cem. Tem quatro filhos, ou melhor, tinha, os meus primos, mas todos
morreram. Tio Marawan e o vovô, os únicos dois homens da família
sobreviventes da guerra, desapareceram, não sabemos mais nada deles.
Estavam feridos, foram levados pelos médicos americanos, lembro-me*

CADA UM CARREGUE SUA CULPA

apenas da imagem deles enquanto esses homens de cabelos claros os levavam embora dizendo: «Nós cuidaremos deles, cuidaremos deles». Depois não soubemos de mais nada.

Não sabemos se estão vivos ou mortos. O vovô foi atingido por um projétil nas costas, vovô não fez nada. É um homem bom, todos eles são homens bons, graças a Deus.

Alguém nos contou que um vizinho de Zangili mandou um oficial prendê-los, um espião. Alguém outro diz que estão em Bagdá, na prisão, outros acreditam que já foram processados e condenados à morte. Um primo da minha mãe acha que já estão mortos, executados, diz.

Nós aceitamos terem matado os nossos pais e irmãos. Aceitamos terem matado os nossos maridos, os nossos homens. Porque eles matavam.

Mas nós não fizemos nada. Ficamos sozinhas, com a nossa dor.

Quando vieram revistar a casa pela primeira vez, estavam em quatro, pediram um documento meu. Eu disse: «Não tenho um documento, você sabem. Por que vocês me pedem um documento se nos privam de todos os comprovantes e declarações?».

Eu não tenho medo de desafiá-los. Sinto-me um homem.

Um soldado, jovem, me perguntou: «Então você é do EI?». Eu lhe respondi: «Claro, você já sabe, por que me pergunta?».

Depois me perguntou se eu era casada. «Onde está seu marido?», ele me dizia, rindo.

Eu disse a ele que meu marido morreu, em nome de Deus.

Daí eles saíram e escreveram «EI» na parede da nossa casa e nas paredes de todas as casas do bairro habitadas por parentes de filiados. Todos aqueles que tinham na família um membro do EI estão marcados. Eles nos marcaram. Não só os soldados, as pessoas. As pessoas são pérfidas, elas nos odeiam.

Debocham de nós inclusive porque não conseguimos obter o auxílio alimentar. Temos os cupons, mas não temos o carimbo dos serviços secretos, que diz que estamos limpos, então mesmo com os cupons não recebemos nada.

As pessoas nos veem na fila esperando, durante a distribuição, sabem que não receberemos nada, que estamos esperando inutilmente. As pessoas riem de nós. Você as ouve falando: «Não devem sair de casa, esses cães. Devem morrer de fome dentro de casa sozinhos». Uma pessoa dos serviços secretos pede dinheiro, em troca do carimbo. Nós não temos, não podemos pagar. Por isso ficamos de mãos vazias. Até mesmo o mukhtar pede dinheiro para nos ajudar, mas não temos dinheiro sequer para ele.

Existem famílias que pagam, nós não. Nós não podemos, não temos mais nada, nada com que viver, nada para vender e ter um pouco de dinheiro. Então às vezes o mukhtar vem até nossa casa e explica para a minha mãe que existem outros meios de pagar. Minha mãe chora. Minha mãe tem muito medo. Mas também temos fome. Somos em cinco, existem as crianças. Não temos como viver. Todos são pérfidos. Os vizinhos não queriam que voltássemos a viver aqui, mas esta é a nossa casa, é a casa do vovô. Eu, porém, a odeio, odeio esta rua porque ela me faz lembrar dos dias perdidos.

Eu amava meu marido, muito. Ficava assustada quando ele ia combater, tinha medo de que saísse de casa e não voltasse. Tinha muito medo de que morresse. Eu lhe dizia: «Todos já morreram, só me resta você». Ele me respondia dizendo que nunca abandonaria esse caminho, jamais renunciaria ao Estado Islâmico, eu o via tão convicto que acabei me convencendo também.

Era um combatente corajoso. Morreu assim, num dia de verão, ano passado. Sinto muita falta dele. Mas espero que nos encontremos outra vez no paraíso.

Isra, cinquenta anos, viúva de um miliciano do EI, campo de refugiados de al Jaddah, seção DD para famílias do EI, verão de 2017

O EI, o EI, não nos dão trégua. Se a nossa culpa é ter apoiado os nossos homens, os nossos maridos, os nossos filhos, está bem, somos culpados.

Mas vocês não sabem como era antes, o que era para nós a vida antes do EI.

Se soubessem, se tivessem vivido conosco durante aqueles anos e aquelas noites, iriam nos julgar com mais indulgência.

Depois da invasão, após 2003, os americanos entravam nas nossas casas de dia e de noite. Arrastavam os homens para fora, arrastavam os meninos. Quando meu marido foi preso pela primeira vez, em 2005, nosso filho tinha quatorze anos. Também o haviam levado. A vida em Mossul era assim, de repente à noite entravam em casa quatro, seis desconhecidos armados, das tropas americanas, e levavam embora todos os homens. E nós, mulheres, chorando na porta, sem entender o motivo. Meu marido era ferreiro, não tinha nada a ver com os terroristas. Nosso filho ficou na prisão por seis meses, meu marido um ano. Um ano de prisão sendo inocente. Quando saiu era outra pessoa, estava mais próximo do que antes da religião, ficava uma parte do tempo em silêncio, uma parte com raiva.

Meu marido passou um ano em Abu Ghraib, mas nunca quis falar do tempo que passou na prisão. Dizia-me apenas: «Isra, precisamos defender a fé, sofremos tanto, e sem motivo. Eles sofrerão também». Nunca havia se vingado antes, mas bateram no nosso filho, um rapazinho de quatorze anos, de noite, sem razão alguma. A vida em Mossul era assim antes do EI.

Em 2008, o exército do Mahdi[36] invadiu a casa, destruiu tudo: móveis, a oficina do meu marido. Fomos embora, pegamos duas sacolas de roupas e fomos viver no vilarejo, na casa de parentes do meu marido.

Você me pergunta por que um rapaz que na época tinha dezessete anos, meu filho, que já havia sido preso pelos americanos, que sofria humilhação diária dos xiitas, se uniu a eles. É fácil entender isso: estava com raiva.

Muitas mulheres hoje têm medo de falar sobre aqueles anos, têm medo de falar sobre a prisão de seus maridos, as invasões noturnas, o terror. Você vai ouvir muitas mulheres dizendo que sofreram as escolhas dos seus maridos, dos seus homens que se uniram ao EI. Não faça outras perguntas, mas não acredite nessas histórias.

As mulheres, sob o domínio do EI, as mulheres de Mossul sentiam-se seguras. Não existiam xiitas para controlá-las e molestá-las. Não havia liberdade, é certo. Mas não havia medo. Devíamos obedecer e ficar em casa? Devíamos fazer isso antes também. Precisávamos vestir o niqab? Melhor o niqab do que as importunações cotidianas. O EI nos protegeu, isso ninguém vai dizer para você, mas acredite. O EI nos protegeu, por isso sentimos sua falta.

---

36 O Exército Mahdi (Jaysh al-Mahdī) — antigo nome das Brigadas da Paz — é uma força paramilitar xiita iraquiana, com 10 mil a 50 mil combatentes, criada pelo proeminente religioso xiita Muqtadā al-Ṣadr em junho de 2003.

FALA SOBRE O QUE NÃO MUDA

Maio, 2018.

Eu uso óculos com lentes âmbar. Elas estendem um véu espesso no Iraque que vejo à minha frente. Ouvimos Fairouz; Karwan ainda dirige como dirigia há um ano e meio, ziguezagueando entre soldados e checkpoints, os outdoors que convidam a preferir uma companhia telefônica a outra são sempre os mesmos, entre um outdoor e o seguinte despontam cartazes de eleições. Há três meses houve eleições, o sol desbotou os rostos de plástico e os slogans dos vencedores e dos vencidos, e o país acerta as contas com os próprios populismos, um pouco como nós.

«Como você fala sobre um pós-guerra que já é uma profecia, Karwan?»

«Conta o passado e compara. Não muda nada, nunca muda nada. Você fala sobre o que não muda.»

Fala sobre o que não muda. Poderia ser o verso de um poema.

Enquanto Karwan dirige, trago à lembrança todas as coisas que vimos juntos, eu, ele, Alessio, os momentos em que você não fala nem mesmo com os companheiros de estrada, tal é o pudor em relação à dor dos outros; os momentos em que os olhares não se cruzam, você não fala, abaixa os olhos, tamanho é o temor de não saber administrar o peso da realidade, você engole seco, reergue os olhos e continua a observar. Depois à noite você volta para sessenta quilômetros daquela dor, há um hotel à sua espera, o ar-condicionado no edifício branco de paredes descascadas do bairro cristão, onde à noite, se for preciso, há uma taça de vinho, você finalmente repousa e finalmente se olha e sorri, procura um lugar com mesinhas ao ar livre, em volta tem um bingo, um homem com megafone grita uns números em uma língua que não é a sua, de tanto em tanto alguém se levanta entusiasmado e caminha na direção do palco para receber algo, e, em meio àquela língua não sua, às vezes barulhenta, às vezes harmoniosa, você olha para si mesma e diz: você viu os olhos daquela mãe? Você se lembra do olhar daquela menina? *Lembro sim.* Está cada vez mais difícil, sabe? *Sei.*

O pós-guerra é mais difícil. É lá que você vê as mulheres, no pós-guerra. Você vive com elas, aperta suas mãos, faz carinho em seus filhos, come um pedaço de pão e tomate no chão da cozinha, e se pergunta por quais motivos se fazem as guerras. Para punir alguém, para conquistar uma terra, mudar as coisas. Reivindicar o próprio poder. Ou iludir-se de que o tem.

O que mudou depois da guerra? Tudo, nada. Os assassinos foram derrotados, o EI perdeu a terra a partir da qual o Califado universal se ramificaria, perdeu homens, símbolos e talentos. Os soldados em desfile atravessaram as estradas iraquianas em brilhantes veículos militares agitando bandeiras, e por aí vai.

As crianças à margem das estradas erguiam os braços com o dedo indicador e médio em sinal de vitória, os homens (os poucos restantes) aplaudiam, e as mulheres estavam na fila de distribuição do pão. Alguém afinal precisa pensar em matar a fome de quem resta, matar a fome dos sobreviventes. Filas longas com centenas de metros.

«A que horas chega o auxílio?»

«Às duas.»

«Mas são onze da manhã, o que vocês já fazem aqui?»

«Viemos fazer as listas, não há comida para todos.»

Os soldados chegam com os humvee, estão armados, organizam duas filas, uma para cada caminhão. Um dos veículos com alimentos é do governo, então se apresenta também o capitão, não

FALA SOBRE O QUE NÃO MUDA

apenas os reles soldados, alguém cochicha que ele quer disfarçar porque parece que o governador vai passar por lá, ou talvez não, talvez venha alguém de Bagdá, não se sabe bem, um funcionário do ministério, em todo o caso alguém por quem vale a pena mostrar-se orgulhoso no exercício do poder. O seu uniforme é mais limpo que o dos outros, um azul muito escuro, passado para a ocasião, os seus trejeitos têm um quê de inutilmente cerimonioso, move-se com a arrogância de quem pode vigiar e punir, e enquanto caminha deixa para trás o cheiro de um pós-barba barato. Usa um quepe que lhe cobre o cocuruto, é calvo. Ele me vê, eu o vejo e tenho a intuição de que sou para ele um pretexto como outro qualquer para a sua vaidade.

«Mulher, de onde você vem?», ele pergunta à primeira da fila, enquanto olha para mim com o rabo do olho, satisfeito.

«Venho do leste de Mossul, mas a minha casa é aqui atrás, ou melhor, era aqui atrás, na cidade velha, eu vivia aqui mas está tudo destruído, só sobrou poeira.»

«Se você vivia na cidade velha, você é do EI. Você é do EI, não é? Diga a verdade, diga a verdade ou vou prender você.»

«Não sou do EI, não sou do EI.»

«Onde está o seu marido, então?»

«Morreu.»

«Mostre os seus documentos, vamos. Ah, não tem o carimbo, viu? Cadela do EI, saia daqui. E não apareça mais.»

E arranca-lhe os documentos das mãos. E ela, que, mesmo com os papéis, muito pouco poderia fazer, afasta-se, com dignidade, de mãos dadas com uma menina, presumivelmente sua filha, que não lhe chega até o quadril, enquanto as outras mulheres a observam, algumas com pena — talvez pensando «Agora é minha vez de ter a mesma sorte» —, algumas, ao contrário, com um sentimento de vingança — talvez pensando «Já era hora de passar por essa humilhação».

«Você se registrou? Identifique-se. Deixe-me ver o carimbo. Não tem o carimbo dos serviços secretos, então você não está limpa. Vai embora, para você não tem comida.»

Algumas vão embora antes de serem verificadas, melhor voltar para casa de mãos vazias do que não voltar. Os poucos homens presentes são revistados, classificados, um homem chega gritando que quer justiça para o seu filho, não comida, não ajuda, pode morrer de fome mas quer saber a verdade sobre o filho, diz que quem o matou, o sujeito do EI que o matou, ainda está na cidade, livre. Disse que não é verdade que prenderam todos. Ele, o assassino do filho, subornou alguém, subornou até o exército e agora está em casa. Grita que não mudou nada. Diz que eles estão aqui. Eles estão aqui, no meio de nós. Ainda que tenha passado quase um ano do fim da guerra. Grita, com o rosto escavado pela dor. Penso em todos os rostos parecidos que eu vi, as fisionomias fatigadas pelo tormento de não saber onde foram parar os entes queridos, de não poder encontrar explicação para que um pai sobreviva ao próprio filho, ao jovem homem que ele queria ter visto tornar-se pai. Penso nos rostos semelhantes que, com um exercício de imaginação, consigo transformar nos rostos sorridentes e floridos que foram, na vida antes da dor. Aqueles rostos todos iguais, tornados subitamente enrugados, com a ruga inconfundível que se chama dor.

«Ajudem-me», grita o homem, na cara dos soldados. Mas eles o levam embora, para não atrapalhar a fila dos auxílios. Enfiam-no em um humvee, um dos tantos ali a fazer o policiamento da praça. Eles estão armados, mas ele também está. A dor é uma arma potentíssima.

O auxílio chega, incógnitas caixas brancas fechadas com fita adesiva. Dezenas, umas sobre as outras nas laterais do caminhão. É sempre desse jeito, o que estava em ordem e coeso até um minuto antes torna-se bestial, assim como são os necessitados. E

FALA SOBRE O QUE NÃO MUDA

comer é a primeira das necessidades, na guerra, no pós-guerra, mas principalmente em um tempo lento feito de nada. As mulheres se agarram às grades da carroceria, uma grita «Estamos morrendo de fome», as outras chacoalham as folhas com as mãos para o alto em direção ao céu, o encarregado da distribuição faz sinais com os braços para que se afastem enquanto as crianças tentam subir no caminhão trepando em seus pés. Os soldados ficam nervosos, «*Yalla, yalla*», vai logo, vai logo.

Então, de repente, um caminhão chega da rua vizinha, muito veloz, e levanta um redemoinho de areia, e tudo silencia e se acalma e ganha cor de âmbar. As mulheres se aquietam, abaixam os braços e cobrem os olhos, protegendo-os da poeira, assim como as crianças. Soltam as pernas do encarregado da distribuição, que aproveita o momento de tranquilidade involuntária para colocar o caminhão em movimento e ir embora, entre o que resta do redemoinho de areia e uma massa de mulheres e crianças famintas.

A distribuição de comida é um momento em que a ajuda se sobrepõe à humilhação. Destrua uma cidade para libertá-la, deixe-a arruinada para dar uma lição — «Vocês quiseram o EI, agora fiquem com a cidade arrasada», parecem murmurar os escombros à nossa volta —, enquanto em meia cidade as lojas estão fechadas, as persianas abaixadas, fechados também os escritórios, as instituições, as escolas.

E então quem volta para viver nesses pedaços de casas nada pode fazer senão pedir e esperar pelo recebimento de ajuda, e assim a vida em Mossul se torna o exercício de um rito cotidiano de mendicância. Vidas feitas de esmolas em um país corrompido em que se paga caro até pela caridade.

Súplicas. E cada súplica é uma história.

O pós-guerra de Mossul é feito de estigma. Como se a verdadeira libertação equivalesse apenas à expressão da vingança. As forças de segurança com seus próprios meios, e a gente comum com os seus, não menos violentos. Pós-guerra é estigma. Onde quer que haja um vestígio do EI, existe uma vergonha. Nenhum perdão, nenhuma misericórdia.

Um grupo de crianças corre na minha direção: «Na nossa escola não tem janela, não tem porta, não tem nem professor, somos 1.500 em uma escola e às vezes numa turma existem 250 crianças. No mês passado, havia apenas cinco professores, dizem que o governo não paga e então eles não vão trabalhar, ou se vão e somos muitos eles nos mandam para casa, entendeu? Mandam a gente para casa», e todos em volta concordam. Sim, sim, entende, mandam a gente para casa. E cada um deles — seja com oito, dez, onze, quatorze anos — diz que tem um pai, um irmão, um tio ou um avô ou todos eles mortos pelo EI ou pelas bombas da coalizão, mas na raiva do pós-guerra não importa como tenham morrido, se mortos pelo EI ou pelas bombas americanas, esses pais, irmãos, tios e avós foram mortos e pronto e o que importa é que a culpa é do EI.

Que seja. E daí voltam a correr, um depois do outro: «Me siga, me siga».

«Esta casa é do EI, esta também, esta rua toda é do EI. Aqui estão só casas do EI.» Gritam, mostrando para mim os escritos nas paredes das casas de alvenaria sem reboco, casas feitas de nada. E toda casa traz uma inscrição na parede de entrada: «*Beit Daesh*». Casa do EI. Para que saibam, na guerra e na paz, quem habitava aquela casa. O que vem depois disso é punição, disfarçada de justiça.

Durante a guerra, o exército escrevia «*Beit Daesh*» nas casas que havia reconquistado, com carimbo e assinatura. Uma cor para a Polícia Federal, uma para a Golden Division e assim por diante. No pós-guerra cabe aos serviços secretos encontrar os sobreviventes, as famílias dos combatentes. E marcá-las. Então, ao lado da tinta desbotada da guerra está a tinta fresca, estão as novas

FALA SOBRE O QUE NÃO MUDA

inscrições, e o vozerio das crianças. «Aqui é tudo Daesh», a voz das crianças como continuação do estigma, o coro da marginalização coletiva. «Mataram meu pai», diz um, «deviam ir embora.» E os outros em volta concordam e continuam correndo. Na direção de outras casas marcadas. Na maioria das vezes vazias, outras poucas habitadas por fantasmas, sombras que se movem atrás das janelas. Com a atenção de quem sabe que de uma hora para outra pode sofrer uma investida da inteligência ou um ataque dos vizinhos. Um ataque das vítimas. Mas quem são as vítimas hoje, hoje que ser vítima é um valor, hoje que ser vítima *tem* um valor, e ser ou não ser pode significar a vida ou a morte?

As autoridades iraquianas têm uma espécie de conjunto de regras. Definem as famílias do EI com base em alguns parâmetros: você é uma família EI se tem um parente, ainda que distante, que foi membro do grupo e não importa que tipo de membro, no pós-guerra não há hierarquias, podia ser um líder militar ou um cozinheiro, um recrutador ou um faxineiro, um matador ou um enfermeiro. Não faz diferença.

Você é família EI se vivia em uma área considerada crucial para a sustentação do grupo ou se fugiu tarde demais dos combates. Para ficar mais claro, se você vivia na cidade velha e escapou em junho, um mês antes do fim da guerra, o seu pertencimento ao EI é automático. Não importa se não é verdade que você era filiado e se a sua família foi usada como escudo humano pelos atiradores, não importa nem se você vivia em um distrito a leste e o EI obrigou você a segui-lo até o fim da guerra, não importa se o seu primo de terceiro grau era um líder comunitário em um bairro do EI e você nunca o conheceu.

Marca, estigma, vingança.

Se você é uma família EI, você não tem água, comida, assistência de saúde. Não tem os documentos necessários para trabalhar, deslocar-se livremente pela cidade, ir para a escola. Você é um detento em estado de aparente liberdade.

Em fevereiro de 2018, no distrito de Ba'aj, cerca de cem quilômetros a oeste de Mossul, as forças armadas emitiram um decreto segundo o qual os parentes dos membros do EI não podiam retornar ao vilarejo.

Conforme o decreto, os *xeques*, os *mukhtar*, ou seja, os chefes locais responsáveis pela comunidade, não deviam conceder as autorizações de segurança para as famílias EI. O decreto é assinado pelas Forças de Mobilização Popular, as tropas xiitas que agora controlam uma área, sob o comando do primeiro-ministro al Abadi e dos líderes tribais da região. Todos, foram 23, assinaram a punição coletiva.

Al Ba'aj, antes de 2014, contava com 14 mil pessoas, hoje tem menos de mil. Casas vazias, destruídas, saqueadas, restos de uma vida que se foi, sinais de uma reconciliação impossível.

Em Mossul é a mesma coisa: para voltar a viver em sua casa, você precisa de uma autorização, e a autorização só é obtida se você estiver limpo, se não for família EI.

Sem autorização você não tem direito a carteira de identidade, não pode registrar um nascimento ou uma morte ou um casamento, nenhum documento social, nenhum trabalho, nenhum tipo de ressarcimento pelas perdas durante a guerra, nada de nada.

Por isso as famílias EI escondem-se como ratos, e os outros, todos os outros — as vítimas —, se vingam.

A vítima é o herói do nosso tempo, escreve Daniele Giglioli em um livro que é uma experiência da ética:

> Ser vítima dá prestígio, exige atenção, promete e promove reconhecimento, ativa um potente gerador de identidade, direito, autoestima. Imuniza contra qualquer crítica, garante inocência para além de qualquer dúvida razoável. Como poderia a vítima ser culpada,

ou melhor, responsável por alguma coisa? Não fez, foi feito a ela. Não age, padece. Na vítima, articulam-se ausência e reivindicação, fragilidade e pretensão, desejo de ter e desejo de ser. Não somos o que fazemos, mas o que sofremos, o que podemos perder, aquilo de que nos privaram.[37]

A vítima não deve ser colocada em xeque, da vítima não se deve desconfiar, a vítima é inocente e contribui para a dicotomia bem-mal, a divisão entre quem sofreu e quem é carrasco. Uma oposição que constrói, que cria identidade. Uma identidade coletiva que ninguém pode discutir, pois a identidade das vítimas não se discute. Compadece-se. Desfruta-se.

A condição de vítima (auto)legitima as suas ações, tudo é concedido às vítimas que constroem um imaginário, uma máquina mitológica, uma identidade que se faz *instrumentum regni*, uma condição de minoria que se torna poder. E que é usada pelo poder, porque produz massa, porque o sofrimento dá direitos. Porque o sofrimento gera poder. Porque o sofrimento é melhor de controlar. Quem sofre pode ser moldado, manipulado.

Tento aplicar esse experimento ético em Mossul, onde a voz inocente das crianças aponta para as casas do EI, crianças que gritam festeiras que os parentes dos cães do EI foram caçados e que não, não há nem haverá perdão, e que sabem onde eles se escondem e, se necessário, dirão isso aos soldados e os soldados os levarão embora. Ou bum-bum, um faz sinal com a cabeça, olhos de carvão e o olhar inquieto. Bum-bum. Mataremos todos eles.

Crianças vítimas. Crianças que viram os pais serem mortos diante dos próprios olhos e com a ruga inconfundível no rosto,

---

37 Daniele Giglioli, *Crítica da vítima*. Trad. Pedro Fonseca. Belo Horizonte-Veneza: Âyiné, 2016, p. 19.

da mesma dor que encontrei tantas vezes, dizem que não, não dormem e não encontram paz e não conseguem parar de pensar naquilo que viram e que sim, somente se matarem os membros do EI com as suas mãos estarão finalmente saciados, porque não há perdão e a única justiça é a morte. E assim seja.

Não há ninguém para lhes dizer: «Parem, afastem-se dessas casas, vocês sofreram, mas não confundam vingança com justiça, não somem dor a mais dor. Que culpa têm esses filhos, crianças como vocês?».

Não há ninguém para dizer a essas crianças que a violência não pode ser curada com mais violência, que a solidão dos culpados já é uma punição, ninguém que lhes diga que dessa forma os outros, as vítimas, irão se tornar o instrumento de um poder injusto que acabará por transformar os filhos dos carrascos nas vítimas de amanhã, e a vítima por sua vez vai querer justiça e a justiça será feita com armas e a vítima tem um arsenal sem fim, tem a arma mais potente, a arma potentíssima: a dor que sentiu. E assim seja. Infinitamente.

Ninguém diz isso a essas crianças que correm levantando poeira, orgulhosas da sua raiva, pois é só o que lhes resta. E se esgueiram entre as poças da água que sai de uma fossa, rompida. Uma das crianças sobe três degrauzinhos de uma mureta e simula um mergulho naquelas águas de esgoto, sob aplausos. Alguém sai de lá, descalço, passa perto de mim e me saúda: «*Ma'a assalama*».

Até mais, até mais. E tem o cheiro de quem não pode tomar um banho.

Percorro as ruas deste bairro, al Tanak, distrito na periferia oeste da cidade, coração do apoio ao EI.

FALA SOBRE O QUE NÃO MUDA

Os homens caminham com as mãos atrás das costas e a *misbaha*[38] entre os dedos.

«Não é possível que as fossas ainda estejam rompidas, vamos todos adoecer.»

Khaled é idoso, tem uma *keffiyah* vermelha e branca na cabeça, uma de suas mulheres é cega, só lhe resta ela. Os outros, os filhos e a outra mulher, estão todos mortos.

«Esse bairro é pobre, somos tão pobres que não conseguimos nem comprar um saco de cimento para reconstruir a porta de casa. Esse bairro é tão pobre, minha irmã, que aqui foi fácil convencer todo mundo. Porque, veja, não se trata de convencer. Ninguém aqui convenceu ninguém. Aqui o pós-guerra é como na guerra e como antes da guerra.»

Khaled caminha comigo pelas ruas de al Tanak, à nossa direita casas de tijolos, feitas de nada. Khaled caminha e eu o sigo, à esquerda abre-se um campo. Atrás de dezenas de ovelhas pastando, o sol está para se pôr. A faixa de rosa e ocre se assemelha a uma aquarela.

Khaled me explica que al Tanak foi um bairro estratégico durante a guerra, porque o EI tinha armazenado explosivos nos laboratórios industriais, é perigoso aqui — diz, esboçando um sorriso —, mesmo durante a ocupação americana era perigoso, tanto que «os veículos militares dos Estados Unidos tinham medo de se aproximar», ele enfatiza, sem disfarçar uma ponta de orgulho.

Os velhos de al Tanak se reúnem em torno das crateras das bombas que destruíram todas as tubulações e os obrigam a viver sem água. Dizem que estão abandonados, mas que isso certamente não é uma novidade. A região sempre foi abandonada, antes

---

38   É um conjunto de pérolas usado em todo o mundo por muçulmanos e árabes cristãos para acompanhar *tasbih* ou *dhikr* (orações em memória de Alá).

da ocupação dos invasores, depois al Malik os isolou e depois ainda, al Abadi. Nada mudou para eles, dizem.

Al Tanak, como todo bairro, tem um *mukhtar*: uma espécie de prefeito, um chefe, que deve cuidar das famílias, saber do que precisam, ajudá-las o quanto for possível. O *mukhtar* sabe, garante e distribui. O *mukhtar* de al Tanak tem cerca de quarenta anos, usa roupas brancas até os pés e uma caneta no bolso, os cabelos pretos ficam brilhantes por uma tintura artificial. A sua casa é a mais suntuosa do bairro, tem o reboco rosa que ainda cheira a novo, duas grandes salas com sofás, geradores de eletricidade, comida em abundância. E sobretudo muitas visitas. O *mukhtar* deve pensar em tudo e em todos. Por isso sua casa é a antessala de pedidos e recomendações. Quem pode, paga, ao *mukhtar* tudo se paga. O *mukhtar* sabe onde vivem as mulheres do EI, conhece os nomes e os sobrenomes, o número de membros das famílias, sabe se os seus maridos cozinharam ou mataram para o Estado Islâmico. Na casa do *mukhtar* é feito o recenseamento do bairro. Fazem-se as listas, «você vai, você fica», mas, se fica, em troca do quê?

A mesa está posta, há folhas de parreira recheadas de arroz e carne, os *kubba*, as almôndegas de carne e uva-passa, o *samoons*, o pão em forma de pipa e o arroz, com temperos. «Umm Omar», diz o *mukhtar* à esposa, «traz outra Pepsi e mais bebidas e prepara os doces, e o café e muito cardamomo, por favor.»

Entra um homem de mais ou menos cinquenta anos, segura pela mão um rapazinho magro, usa um macacão cinza desbotado. É o avô — sussurra para mim o *mukhtar*, mastigando um *kubba* —, eles não têm mais nada, o rapazinho é filho de milicianos do EI: «O pai, Moawad, foi com eles. Estou muito cansado. Estamos cansados de contar aqueles que estão faltando. O meu vizinho tinha quatro filhos e agora está sozinho, seu irmão contabiliza duas mortes. Em uma família são seis, e depois o outro vizinho,

FALA SOBRE O QUE NÃO MUDA

mataram seus três filhos na frente de casa, nós os empilhamos e enterramos. Assim anda a vida, é contagem dos mortos. Moawad, o pai do meu neto, escolheu esse caminho, o caminho dos assassinos. Eu lhe dizia: 'Você tem cinco filhas e um filho, tenha piedade, deixe-os, não os siga'. Ele me ameaçou: 'Se você falar eu atiro, velho, escolhi esse caminho e ninguém vai me deter'. Eu lhe dizia: 'Moawad, pense bem, você só tem um filho homem'. Não temos uma casa, eu queria cuidar deles, mas Ali só tem as roupas que veste, não tenho documentos, nenhum salário, nada. Não os deixam sair de casa porque dizem que o pai é do EI. Minha filha, a mãe desse rapazinho, nasceu em 1995; quando ele escolheu o EI, eu quis recuperá-la, levá-la para casa de novo, mas me ameaçaram. O menino tem sete anos e só recordações terríveis. Agora fiquei sozinho com minha filha, seis netos com seus traumas, e o Estado que podia fazer as certidões para essas crianças não faz porque o pai era do EI, não nos dão a certidão de óbito e sem essa certidão as crianças nascidas sob o domínio do EI não têm sequer nacionalidade. Essa é a situação».

E então entra uma mulher, idosa; Umm Omar, a esposa do *mukhtar*, segura-a por sob o braço. A mulher senta-se sobre o tapete e chora. Não fala, sussurra, como se tivesse sempre medo de ser ouvida por alguém: «Estão me dizendo que devo ir embora. Mas para onde vou? Não quero voltar ao campo de refugiados, sou uma mulher sozinha, por que me mandam embora, *mukhtar*? Por que não posso ficar na minha casa?».

E o *mukhtar* lhe diz: «Tenha paciência, às vezes é melhor ficar, às vezes é melhor ir. Você se lembra da casa da viúva de Fathi, o padeiro que trabalhava com o EI? Apedrejaram as janelas da casa, o filho dormia embaixo de uma e se feriu com os vidros. É melhor você ir», aconselha. «Pelo menos no campo não há janelas para serem quebradas, você vai ver que no campo ninguém vai lhe fazer mal. Você vai ver».

A mulher olha desorientada para Umm Omar, como a procurar apoio. Mas Umm Omar baixa os olhos: «Vai», ela também diz, «é melhor assim».

A mulher já não segura o pavor, misturado ao cansaço e ao luto, à resignação, e aperta o rosto com as mãos ásperas de quem trabalhou muito. Aperta forte o rosto, banha-o de lágrimas enquanto o *mukhtar* e a mulher deixam o salão e voltam para a sala de jantar. A mulher, com a cabeça entre as mãos, entoa nomes como em uma litania. São os nomes dos seus filhos, talvez? Do marido que não vive mais? Acho que os nomes, a força do nome assume na guerra o consolo da oração.

Acho que ela tem necessidade de chamá-los em voz alta, os seus nomes, os seus mortos, porque tem medo de esquecê-los. Porque a memória é corrompida na guerra. Existem muitas delas. Cada uma é diferente.

O que é a memória na guerra? É a tentativa de recordar ou a necessidade de esquecer?

O *mukhtar* é o monstro de duas cabeças do pós-guerra, a criatura bifronte. De dia, bate nas portas do bairro: «Quantas são? Do que precisam? Quantas crianças existem aqui? Podem ir à escola? Vocês têm pão suficiente?». Escreve cartas, recomenda os moradores para instituições, controla, protege.

Depois cai a escuridão sobre al Tanak e a noite revela a outra face do *mukhtar*. O *mukhtar* espera que o escuro cubra Mossul e dirige até a base da Polícia Federal, avisa se as famílias do EI estão voltando, se entre elas existem homens, se alguém conhece um detalhe preocupante sobre os vizinhos, se algum outro quer que os vizinhos sejam caçados. Às vezes o *mukhtar* chega tarde da noite na base militar e não está sozinho. Escolta um rapaz, um adulto, um menino, enfim, um homem em idade de combate, alguém sobre quem recai a vergonha da suspeita.

FALA SOBRE O QUE NÃO MUDA

Senta-se com ele no sofá, na sala do delegado da Polícia Federal, a única com aquecimento, a única com ar-condicionado, a única com televisão, com água fresca e cigarros e uniformes passados e pendurados em um cabide. Estamos ali, estou ali, também eu sentada com um chá nas mãos que cheira a especiarias. O *mukhtar* não me olha nos olhos, sabe que eu sei que naquela sala está para se consumar o rito da justiça arbitrária do pós-guerra.

O olhar do delegado da Polícia Federal encontra o olhar do seu assistente, que nos convida a sair, a esperar nos colchões sujos dos soldados rasos, na sala ao lado, para que se agilizem as demandas noturnas, os processos sumários, as condenações ilegítimas, aquelas fora das estatísticas, dos cálculos oficiais, dos números dos jornais, dos relatórios das Nações Unidas.

«Não tenho nada com isso, eu juro, me deixem ir, não sou do EI. Não tenho nada a ver com eles.»

O *mukhtar* explica aos soldados que um vizinho afirma que o rapaz trabalhava para o EI, por isso não pode ficar em al Tanak; e depois há rumores de que talvez, enquanto trabalhava para o EI, tenha se envolvido em crimes graves, pelo menos é o que as pessoas dizem. O suspeito grita e primeiro pede justiça, e então, talvez percebendo que é inútil, implora por piedade.

O som de uma das mãos que golpeia o rosto, e mais uma vez. E um som seco, uma espécie de grito engolido. Depois o barulho de um corpo arrastado, que pede misericórdia só que já sem forças, o barulho dos passos ao lado, e eu tento imaginá-lo, aquele corpo que eu vi entrar na sala pouco antes, caminhando assustado ao lado do *mukhtar*, agora é levado, talvez por dois jovens, jovens como ele, mas armados, um à direita e um à esquerda, rodeados por outros companheiros no silêncio onde tudo se dispersa. A justiça, a injustiça e assim seja.

Eu dormi assim naquela noite, sobre o colchão imundo, no piso, no quarto sem uniformes engomados, sem ar-condicionado nem água fresca. Como se me protegesse da contaminação da sala ao lado. E acordei sabendo que essa couraça era apenas hipocrisia. Diante de mim havia soldados rasos que preparavam os ovos e desembrulhavam o pão enquanto o café fervia, e eu perguntei: «O que vocês fazem com os prisioneiros depois que eles são trazidos para cá?». Um, ainda com os olhos inchados de sono, imita uma arma com a mão esquerda, sorri e diz: «*Kill them all*». Matamos todos.

É sexta-feira, dia de festa. Fora do quartel, os soldados rasos, os jovens, caminham sonolentos pelo pátio que esconde os vestígios das demandas noturnas.

O sol surge e dá cor às casas e aos escombros.

E você lê essas casas como um mapa da história. Edifícios vazios, que antes eram morada de homens agora mortos ou levados, e hoje são morada de mulheres sozinhas e filhos sujos, roupas que fedem, em um vazio de espaço que é cheio de dor, e, se você escuta essas casas e as suas mulheres e as suas crianças, você sente um coro único, uma só voz, que diz: «É como antes da guerra, é pior do que antes».

Chegam os vencedores que prendem os sobreviventes.

E assim seja.

E, enquanto olho Mossul com a testa apoiada no vidro do carro, enquanto outra vez ouvimos Fairouz e estamos todos quietos, pergunto-me onde estão os homens capazes de compaixão, aqueles para quem matar é mais assustador do que morrer, como dizia Rumiz, máscaras para o massacre na Iugoslávia. Mas são as máscaras de todos os massacres, digo a mim mesma. Talvez

FALA SOBRE O QUE NÃO MUDA

nem mesmo aqui, no Iraque, sustentem a vitória, conquistada ao custo de uma chacina. A vitória dos desfiles militares melancólicos que marcham ao encontro de um futuro que ainda é passado. Enquanto isso o mundo muda, e as câmeras foram desligadas, e as manchetes dão o EI como derrotado, a recusa desses partidos em lutar contra a jihad ocorre tanto no Iraque quanto no Ocidente. Mas nós estamos aqui e o eco destas casas, o eco que diz «É como antes, é pior do que antes», nós o ouvimos.

E sabemos que o terrorismo não são a propaganda, os números oficiais e as proclamações de vitória. Sabemos que o terrorismo são as raízes de onde nasce.

Como em todas as guerras que não são nunca uma guerra só, as guerras de tantas memórias diversas, as guerras de hoje — de vítimas e algozes incapazes de se olhar, mas unidos em um grito único que pede apenas para ser escutado — estão gerando as guerras de amanhã.

Enquanto tudo em volta muda, essa raiz permanece igual.

E tem o aspecto de vingança e de espaços vazios e cheios de dor.

N., dezesseis anos, viúva de um miliciano do EI, campo de refugiados de al Jaddah, seção DD para famílias do EI, primavera de 2018

Ele veio pedir a minha mão, eu concordei e nos casamos.

Os hóspedes chegaram de tarde, comemos juntos. Havia dias em que eu pedia ao meu pai para ver o quarto, mas meu pai dizia «Não, você vai ver só na noite de núpcias».

No dia do casamento minha tia ajudou-me a me pentear, eu estava rodeada pelas pessoas que amava. Estavam todos vivos ainda, os meus tios, as minhas tias.

Meu pai. Especialmente a tia Asma, seu filho já havia morrido, foi morto na guerra, mas ela estava muito contente de me ver casada e feliz. Conseguia não pensar no filho morto e se alegrava comigo.

O dia do meu casamento foi a última vez que vi meu pai. Eu era a primogênita, era o sonho dele me ver casada, confiava em Subahn Allah, meu marido, sabia que ele cuidaria de mim.

Subahn Allah tinha um bom caráter, todos gostavam dele, era responsável por uma área e nunca fez mal a ninguém que não merecesse. Por exemplo, com as famílias dos prisioneiros: matava os homens, mas não tocava nas mulheres e nas crianças. Ou melhor, se precisassem de alguma coisa, ele tentava prover suas necessidades. Porque dizia que as mulheres e as crianças não tinham culpa, que os homens acertavam as contas com os homens, mas as mulheres e as crianças não. Não deveriam ser mortas.

CADA UM CARREGUE SUA CULPA

Uma vez aconteceu de chegarem uns estrangeiros, foram presos e Subahn Allah dizia que seriam mortos, mas que era preciso encontrar para suas mulheres um lugar para ficarem. Era um homem bom.

Dez dias depois do casamento meu pai foi morto, e meu marido me disse: «Eu vou sustentar você».

Mas ele também morreu. Os nove meses que passei com ele foram os mais felizes da minha vida e agora me restam apenas as nossas fotos, a misbaha *e o seu pente.*

Não deixava que ninguém penteasse o seu cabelo, somente eu, seus cabelos eram longos, eu gostava de penteá-los todos os dias.

Quando ele morreu os outros que estavam com ele me devolveram a misbaha, *que eu deixo sempre no bolso. Carrego perto de mim, todo dia.*

Ele matava em nome do Islã, conforme prega o Alcorão, fala para matar os descrentes onde quer que sejam encontrados. É mais que o EI. *É a jihad, diz o Alcorão.*

Ele sempre me dizia: «Você não precisa mais ter medo, como antes».

Antes do EI, *em Mossul, as mulheres eram estupradas e mortas pela polícia, e ninguém se importava que todos vivessem aterrorizados. Quando o exército estava lá, não podíamos nos deslocar. Éramos prisioneiros desta cidade.*

Quando o EI *chegou, a nossa família foi uma das primeiras a se juntar. Quando eu ia para a escola corânica, caminhava livremente, agora a situação voltou a ser como antes. Não podemos nos deslocar, não podemos ir à escola, somos vigiados em tudo.*

Nós acreditávamos na jihad, acreditamos ainda. A religião, a oração, graças a Deus. Os nossos homens estavam conscientes disso, sabiam o que vinha pela frente, falávamos disso com frequência. Meu pai sabia que podia morrer a qualquer momento, assim como meu marido. Um dia ele me disse: «N., escolha uma das minhas camisetas e a leve com você caso decida fugir e se salvar. Mas eu não posso renunciar ao combate».

Ele me dizia que nós nos encontraríamos no paraíso. E eu espero que Deus os aceite todos como mártires e espero me juntar aos meus entes queridos no paraíso.

Eu tinha orgulho deles, de meu pai, dos meus tios e do meu marido. Eu tinha orgulho deles e ainda tenho.

Não correram atrás de dinheiro, eles seguiram o caminho em nome de Deus.

Agora restamos apenas nós: as mulheres e as crianças. As viúvas e os órfãos. Não temos como sustentar os pequenos, se você procura trabalho é humilhada, pensei em voltar para a escola, mas não me aceitam, pois dizem que somos do EI.

Então preferimos ficar em casa, e não escutar, não ouvir nada.

Eu esperava ter um filho com Subahn Allah, queríamos isso. Eu o teria educado para o respeito ao Islã, teria feito dele um filho de quem me orgulhar assim como me orgulhava do meu marido.

Mas pela vontade de Deus não foi assim.

Às vezes olho ao longo da rua, pela janela.

Observo os rapazes caminhando e me esqueço de que ele está morto, e tenho a esperança de vê-lo chegar junto com os outros jovens. Depois me lembro de que ele não está mais aqui e que a nossa vida acabou.

Mas as nossas ideias são mais fortes, e agora precisamos resistir. Deus é generoso, a situação vai mudar.

Mulher anônima na fila de distribuição do pão, leste de Mossul, maio de 2017

Ontem eu vim pedir comida para os meus filhos, para os meus quatro filhos. O responsável pela distribuição do auxílio alimentar pegou os meus cupons, mas não me deu nada, disse: «Vai embora, para a sua família não tem nada esta semana». Não acontece só comigo, acontece com muita gente igual a mim. Você chega aqui, espera horas sob o sol porque precisa matar a fome dos seus filhos, e mandam você de volta com as mãos vazias.

Somos iraquianos ou somos de um outro Estado? Somos iraquianos, como os outros.

Mesmo assim somos humilhadas, todos os dias. O nosso coração virou uma pedra, duro, áspero, pontiagudo. Somos como morte, pior do que morte.

Cá estamos, vivemos uma tortura e um sofrimento que se unem aos sofrimentos de que já padecemos antes. Prometeram-nos a libertação, disseram-nos que toda essa dor serviria para garantir a nossa liberdade, onde está tudo aquilo que nos prometeram?

Estamos morrendo de fome.

Estou aqui com os documentos do meu marido, os que restaram, os que eles não fizeram desaparecer. Onde está o meu marido? Quero só saber onde está o meu marido.

Todas essas mulheres, dezenas, centenas de mulheres todos os dias esperam por um pedaço de pão, passam horas e horas aqui mendigando um pedaço de pão, um saco de arroz ou de macarrão. Onde estão os seus homens? Onde estão os nossos homens?

Eu não quero pão, não quero arroz e não quero macarrão. Não quero a esmola de ninguém, só quero saber onde está o meu marido.

Estou aqui porque aqui estão os coronéis e os generais, tomam conta dos armazéns de comida, assim as mulheres não os invadem, porque elas têm medo das armas.

Estou aqui só por isso, virei aqui todo dia até que me digam para onde o levaram.

Ontem o coronel me disse que eu devo ir procurar meu marido, mas onde? Ninguém pode me ajudar. Ninguém me dá respostas.

Eles o pegaram, eles que o interroguem se precisam interrogá-lo, mas não podem me dizer para ir procurá-lo em outro lugar.

Tenho aqui a foto dele, os documentos dele, veja que homem bonito é o meu marido, ou será que eu deveria dizer «era»? Não sei mais.

Quero pelo menos saber se está vivo ou morto.

Estávamos na nossa casa, casa, enfim, no que sobrou. Tinham libertado o bairro Maidan fazia pouco, poucos dias, nem dez. Era de noite, à tardinha, não lembro, mas estava escuro. Dormíamos, duas pessoas bateram forte na porta.

Diziam: «Se vocês não abrirem agora quer dizer que estão com medo, se não abrirem agora e estiverem com medo é porque vocês são do EI». *Meu marido me disse: «Cuide das crianças, nunca saia sozinha».*

Então arrebentaram a porta e entraram, deram um tapa na cara do meu marido e o arrastaram para fora, colocando-o no carro.

Usavam uniformes militares, mas não eram soldados do exército, não, eu os conheço, eram da Hash,[39] *que são mandados para fazer o trabalho sujo. Eu conheço quem é da Hash.*

---

39   Forças de Mobilização Popular (PMF). Conhecida também como Comitê de Mobilização Popular (PMC) ou Unidade de Mobilização Popular (PMU), é uma organização patrocinada pelo Estado iraquiano e composta de quarenta milícias que são em sua maioria grupos muçulmanos xiitas.

CADA UM CARREGUE SUA CULPA

Meu marido não é do EI, *juro.*

Mas, se tivesse sido do EI, *se tivesse mesmo sido do* EI, *mereço eu ser tratada assim? Mereço eu não saber onde ele está? Merecem os meus filhos não saber para onde levaram o pai?*

Meu marido nunca foi do EI, *Alá sabe disso, mas se a situação continuar sendo essa eu mesma vou aderir ao* EI, *o* EI *vai voltar porque o* EI *nunca se foi.*

Se o governo permite que a Hash leve embora das casas os pais de família em plena noite, eles voltarão, os adormecidos de hoje serão o pavor de amanhã.

O governo não está controlando, ou, talvez pior, o governo sabe.

Sabe o que as gangues e as milícias estão fazendo com os nossos homens, sabe talvez para onde foram levados, como foram torturados ou mortos.

Os homens desaparecem, as crianças acordam de manhã e já não têm um pai, as mulheres se reúnem todas as manhãs para mendigar o pão e alimentar os filhos, e daí em Bagdá eles se espantam com o retorno do EI.

Não há nada do que se espantar.

Umm Abdallah, 38 anos, distrito de Wadi Hajar, oeste de Mossul, primavera de 2018

Eu só queria descansar, estou cansada, estou mais que cansada, estou exausta. Quando chegamos aqui a situação era desastrosa, chorávamos toda hora. Sem casa, sem marido, sem um filho. Entramos aqui e choramos. A casa estava vazia, as paredes estavam sujas. Limpamos tudo, mas a casa continuou vazia.

Agora estamos aqui, e precisamos comer. Eu precisaria ir até os serviços secretos, me apresentar e obter um documento com o carimbo deles. Um carimbo que diz que estamos limpos. Se eu não pegar o documento com o carimbo dos serviços secretos, não recebo comida. Mas para nós, para nós do EI, não há como obter esse carimbo. Eles nos sufocam, nos esgotam.

Eu fui quatro vezes ao escritório dos serviços secretos. Mas nada, para nós nada de subsídio. Apenas insultos.

Eles gostam de nos oprimir, todos nós, todas as famílias do EI.

Um ou outro tem um parente distante, um conhecido com um pouco de piedade e que talvez trabalhe para a inteligência e então paga um pouco de dinheiro e consegue o carimbo.

Mas quem não conhece ninguém, quem já não tem dinheiro, como eu, não sabe como matar a fome dos filhos. Há duas semanas, os serviços secretos pegaram treze mulheres, você vai lá para pedir os subsídios, você está sozinha porque não sobrou sequer um homem em casa, pais, maridos, filhos adultos, ninguém. Então você vai sozinha até o escritório dos serviços secretos para pedir os documentos e os carimbos e eles prendem você. Porque seu marido, seu pai ou seu filho eram filiados.

CADA UM CARREGUE SUA CULPA 231

Tenho medo, tenho medo da inteligência. Tenho medo de ser presa.

Quando vou para a rua para entrar na fila por um pacote de farinha, os voluntários me dizem «Umm Abdallah, você deve passar antes nos serviços de segurança, não podemos dar comida para você».

Mas eu não quero mais ir até os serviços de segurança.

A guerra acabou, mas esta é uma guerra emocional, e está crescendo.

Não sabemos o que vai acontecer, mas está crescendo.

Depois da guerra eu aprendi a não falar, a não responder. Eles que falam sobre nós. Nós ouvimos e ficamos quietos. O pós-guerra me ensinou o silêncio.

Meu filho menor está doente, perdi a minha bela casa em al Zingili, sobraram apenas as paredes e nada no meio. E hoje me restam os filhos, o desespero e a consciência de que tudo funciona com dinheiro. Sem dinheiro para subornar alguém, você pode morrer de fome.

Agora tudo tem um preço em Mossul, principalmente a liberdade.

E ainda por cima somos mulheres, somos mulheres sozinhas. Você sabe o que significa e entende por que eu tenho tanto medo assim da inteligência.

Um soldado veio aqui, disse: «Me dá a sua filha». Eu lhe disse que minha filha ainda é uma menina. Que minha filha fica comigo e não a entrego como esposa a ninguém.

E então, uma semana atrás, entraram em casa, fazia alguns dias que sabíamos estar sendo vigiados, observados. Já tinham matado dois homens durante uma revista na zona de Wadi Hajar, alguns dias antes.

Enfim, os soldados entraram, o comandante me disse «Umm Abdallah, você sabe que sem documentos não é possível viver, nós vamos ajudar você, mas é preciso que você se ajude».

O comandante Abdel subiu até o andar de cima e me pediu para entrar na sala, havia um outro soldado com ele. E então eu vi que Abdel, com um olhar, mandou o outro soldado sair. Aproximou-se e tocou a minha perna esquerda de cima a baixo, na coxa. Eu estava assustada, não dizia uma palavra.

Ele me dizia: «Eu ajudo você se você se ajudar, Umm Abdallah».

Pensei que ele pularia em cima de mim, pensei que fecharia a porta e pularia em cima de mim. Eu estava aterrorizada. As crianças estavam lá embaixo.

Então ele me disse: «Mandarei um carro pegar você um dia desses, você segue os meus homens e vem até mim, você vai ver que vamos encontrar um modo de você conseguir esse carimbo». Eu sei o que ele quer de mim.

Tenho medo de que esse carro chegue um dia, eu não vou atrás deles. Ao preço de me matarem na soleira da porta.

A nossa vida é um constante abuso. Aproveitam que somos mulheres do EI *e que estamos sozinhas.*

«Vocês não têm homens», eles nos dizem.

E eu respondo: «Nós somos como os homens».

Quando havia o EI, *essas coisas não aconteciam.*

Eles nos dizem que somos do EI. *Bem, isso quer dizer que não somos seres humanos?*

Pela manhã eu acordo e choro. Olho para a casa vazia, não sei sequer a quem pertenceu, talvez estejam todos mortos, e nós estamos aqui porque a nossa casa foi destruída, dormimos no chão, não temos comida, não há pão e agora é Ramadã e eu não sei como fazer a ceia para os meus filhos. Queria poder comprar tahina,[40] *tomates, pepinos, mas não posso.*

Não temos roupas a não ser aquelas que vestimos, não temos sabão, se você soubesse o quanto fedem os meus filhos. Que vergonha.

---

40   Alimento derivado de sementes de gergelim branco; também é chamado de manteiga de gergelim ou creme de gergelim.

CADA UM CARREGUE SUA CULPA

Quando os soldados revistaram a casa, eles me disseram: «Mulher, você tem um caráter forte». Mas que caráter? Sei com muito esforço ler e escrever. Não tenho caráter, tenho só dor.

A minha família morreu diante dos meus olhos, tudo morreu diante dos meus olhos. Os meus filhos estão sozinhos, as minhas filhas são ameaçadas.

Olho para o EI com saudade? Claro.

Quando o EI estava nesta cidade não havia corrupção, ninguém molestava as mulheres sozinhas. Agora você mal sai de casa e parece que nem respira, tantas são as ameaças, tanto é o medo.

Quando os soldados entraram, aqui em casa, para a revista, encontraram um livro. Minha filha tinha uns livros, agora ela só guarda um, é a única coisa que tem. Eu disse a um deles: «Deixe o livro da minha filha, ela só tem quinze anos, o que pode fazer uma menina de quinze anos?». Ele respondeu: «Se ela não obedecer, eu a estupro».

Era um livro do Adkar.[41] Minha filha chorava, dizia: «Somos muçulmanos como vocês, não temos nada que possa lhes fazer mal, é só um livro».

Mas eles o pegaram e destruíram. Eram só orações.

Eu disse: «Você acha que os nossos homens são assassinos, mas por que você quer se vingar de mim e da minha filha?».

E esse soldado continuava repetindo «Tire todos os livros ou atiro em você».

Mas havia só aquele livro, agora nem ele existe mais.

Deus, no Alcorão, disse: «Os mujahidin estão em um estágio superior em relação aos que não o são».

Não está talvez no Alcorão?

---

41   Atos de devoção no Islã em que frases curtas ou orações são recitadas em silêncio, mentalmente, ou em voz alta. Podem ser contadas em séries de rosário ou com os dedos da mão.

O Alcorão não diz que é preciso fazer a jihad em nome de Alá? Está tudo no Alcorão.

Eu não conheço bem o Alcorão, pois leio com dificuldade, mas sei que eles, o EI, educaram quem andava pelo caminho errado, e agora vivemos como cães.

NOTAS

O EI é uma consequência direta da Al-Qaeda no Iraque, que nasceu a partir da nossa invasão. Esse é um exemplo de consequência indesejada. É porque, geralmente, deveríamos mirar antes de atirar.
[Barack Obama, entrevistado pela *Vice News*, 17 de março de 2015]

Se eu for presidente, a era da construção da nação chegará ao fim. A nossa nova abordagem, que precisa ser compartilhada por ambos os lados na América, pelos nossos aliados no exterior e pelos nossos amigos no Oriente Médio, deve ser a de barrar a disseminação do Islã radical.
Todas as ações deveriam ser orientadas para esse objetivo, e qualquer país que partilhe desse objetivo será nosso aliado. Nem sempre podemos escolher nossos amigos, mas não podemos nunca deixar de reconhecer os nossos inimigos.
[de um discurso de campanha de Donald Trump, 15 de agosto de 2016]

As of Aug. 9, 2017, the Coalition has conducted 13,331 strikes in Iraq, and 11,235 strikes in Syria, for a total of 24,566 strikes total in support of Operation Inherent Resolve. As of June 30, 2017, the total cost of operations related to Isis since kinetic operations started on Aug. 8, 2014, is $14.3 billion and the average daily cost is $13.6 million for 1,058 days of operations.
[do site do Ministério da Defesa estadunidense, <https://www.defense.gov/OIR/>]

BIBLIOGRAFIA ESSENCIAL

AMORETTI SCARCIA, B. *Il Corano. Una lettura.* Roma: Carocci, 2009.

BAUSANI, A. *L'Islam. Una religione, un'etica, una prassi politica.* Milão: Garzanti, 1999.

BLOOM, M. *Bombshell: Women and Terrorism.* Filadélfia: University of Pennsylvania Press, 2011.

____.; HORGAN, J. *Small Arms: Children and Terrorism.* Nova York: Cornell University Press, 2019.

CAMPANINI, M. *La politica nell'Islam. Una interpretazione.* Bolonha: Il Mulino, 2019.

COCKBURN, P. *L'ascesa dello stato islamico. Isis, il ritorno del jihadismo.* Roma: Stampa Alternativa, 2015. [Ed. bras.:. *A origem do Estado Islâmico: o fracasso da «Guerra ao Terror» e a ascensão jihadista.* Trad. Antonio Martins. São Paulo: Autonomia Literária, 2018.]

COOK, D. *Understanding Jihad.* Oakland: University of California Press, 2005.

DECLICH, L. *Islam in 20 parole.* Roma-Bari: Laterza, 2016.

DI BRANCO, M. *Il califfo di Dio. Storia del califfato dalle origini all'Isis.* Roma: Viella, 2017.

GIGLIOLI, D. *Critica della vittima. Un esperimento con l'etica.* Milão: Nottetempo, 2014. [Ed. bras.: *Crítica da vítima.* Trad. Pedro Fonseca. Belo Horizonte/ Veneza: Âyiné, 2016.]

GUOLO, R. *Sociologia dell'Islam. Religione e politica.* Milão: Mondadori, 2016.

HATINA, M. *Il martirio nell'Islam moderno. Devozione, politica e potere.* Milão: Obarrao, 2016.

KENNEDY, H. *The Caliphate.* Londres: Penguin, 2016.

KEPEL, G. *Jihad. Ascesa e declino. Storia del fondamentalismo islamico.* Roma: Carocci, 2004. [Ed. bras.: *Jihad: expansão e declínio do islamismo.* Trad. Lais Andrade. Rio de Janeiro: Biblioteca do Exército, 2003.]

MALKASIAN, C. *Illusions of Victory: The Anbar Awakening and the Rise of the Islamic State*. Nova York: Oxford University Press, 2017.

MCCANTS, W. *The Isis Apocalypse: The History, Strategy, and Doomsday Vision of the Islamic State*. Nova York: St. Martin's Press, 2016.

PLEBANI, A. *Jihad e terrorismo. Da Al-Qa'ida all'Isis: storia di un nemico che cambia*. Milão: Mondadori, 2016.

REDAELLI, R.; PLEBANI, A. *L'Iraq contemporaneo*. Roma: Carocci, 2013.

ROY, O. *Generazione Isis. Chi sono i giovani che scelgono il Califfato e perché combattono l'Occidente*. Trad. it. Massimiliano Guareschi. Milão: Feltrinelli, 2017.

SALAZAR, P. *Parole armate. Quello che l'Isis ci dice. E che noi non capiamo*. Milão: Bompiani, 2016.

SOUFAN, A. *The Black Banners: Inside the Hunt for Al Qaeda*. Nova York: W.W. Norton & Company, 2011.

_____. *Anatomy of Terror: From the Death of Bin Laden to the Rise of the Islamic State*. Nova York: W.W. Norton & Company, 2018.

SPENCER, R. *The History of Jihad: From Muhammad to Isis*. Nova York--Nashville: Post Hill, 2018.

TRIPP, C. *Storia dell'Iraq*. Milão: Bompiani, 2003.

WARRICK, J. *Bandiere nere. La nascita dell'Isis*. Milão: La Nave di Teseo, 2016.

WEISS, M.; HASSAN, H. *Isis: Inside the Army of Terror*. Londres: Phaidon, 2015. [Ed. bras.: *Estado Islâmico: desvendando o exército do terror*. Trad. Jorge Ritter. São Paulo: Seoman, 2015.]

WRIGHT, L. *The Terror Years*. Nova York: Penguin Random House, 2017.

Também me acompanharam durante a escrita do livro:

ALEXIEVIČ, S. *La guerra non ha un volto di donna*. Milão: Bompiani, 2015. [Ed. bras.: *A guerra não tem rosto de mulher*. Trad. Cecília Rosas. São Paulo: Companhia das Letras, 2016.]

_____. *Ragazzi di zinco*. Roma: Edizioni e/o, 2015. [Ed. bras.: *Meninos de zinco*. Trad. Cecília Rosas. São Paulo: Companhia das Letras, 2020.]

_____. *Gli ultimi testimoni*. Milão: Bompiani, 2016. [Ed. bras.: *As últimas testemunhas*. Trad. Cecília Rosas. São Paulo: Companhia das Letras, 2018.]

BIBLIOGRAFIA ESSENCIAL

ALLEG, H. *La tortura*. Turim: Einaudi, 1959. [Ed. bras.: *A tortura*. Trad. Samuel Titan Jr. São Paulo: Todavia, 2020.]

GHIRRI, L. *Lezioni di Fotografia*. Macerata: Quodlibet, 2010.

GOUREVITCH, P.; MORRIS, E. *La ballata di Abu Ghraib*. Turim: Einaudi, 2013. [Ed. bras.: *Procedimento operacional padrão: uma história de guerra*. Trad. Carlos Eduardo Lins da Silva. São Paulo: Companhia das Letras, 2008.]

GUALTIERI, M. *Caino*. Turim: Einaudi, 2011.

RUMIZ, P. *Maschere per un massacro*. Milão: Feltrinelli, 1996.

SARAMAGO, J. *Il Vangelo secondo Gesù Cristo*. Feltrinelli, Milão, 1993. [Ed. bras.: *O evangelho segundo Jesus Cristo*. São Paulo: Companhia das Letras, 2005.]

SARTRE, J.-P. *Tortura, diritto e libertà*. Milão: Christian Marinotti, 2018.

Relatórios

https://www.hrw.org/report/2018/09/27/life-without-father-meaningless/arbitrary-arrests-and-enforced-disappearances

https://www.hrw.org/report/2019/03/06/everyone-must-confess/abuses-against-children-suspected-isis-affiliation-iraq

https://www.hrw.org/report/2015/09/20/ruinous-aftermath/militias-abuses-following-iraqs-recapture-tikrit

https://www.hrw.org/report/2015/03/18/after-liberation-came-destruction/iraqi-militias-and-aftermath-amerli

https://www.amnesty.org/en/documents/mde14/0540/2019/en/

https://www.amnesty.org/en/documents/mde14/0316/2019/en/

https://www.amnesty.org/en/documents/mde14/9962/2019/en/

https://www.amnesty.org/en/documents/mde14/8196/2018/en/

https://www.amnesty.org/en/documents/mde14/6982/2017/en/

https://www.amnesty.org/en/latest/campaigns/2017/07/at-any-cost-civilian-catastrophe-in-west-mosul-iraq/

AGRADECIMENTOS

Contar a vida dos outros é um momento de grande responsabilidade, que se constrói — aprendi isso ao longo desses anos — a partir do esforço de ouvir sem julgar.

Para dar uma ordem às histórias colhidas, às horas passadas caminhando por terras distantes, é necessário treinar um músculo muitas vezes preguiçoso, o do espanto. Espanto por encontrar uma realidade diferente daquela que havíamos imaginado no início da viagem, por constatar que a história que trazemos para casa é outra, distante da intuição que havia no ponto de partida.

Acompanhar a guerra de Mossul, as muitas viagens para a Líbia e ainda descrever o pós-guerra que se segue a cada combate me contagiaram com o entusiasmo e o desconforto do não saber. O esforço de fazer (e de se fazer) perguntas negligenciadas. Ensinaram-me, principalmente, a não encaixotar a realidade em espaços limitados demais.

Este livro é fruto de dois anos de viagens ao Iraque, de muitos encontros preciosos, e por vezes difíceis.

Não teria sido possível sem os companheiros dessas viagens, colaboradores que se tornaram amigos fraternos.

Por isso agradeço sobretudo a Rodi Hesen, Karwan Shaikha, Hana Qader, Mahmoud Shiekh Ibrahim. Eles foram minha palavra e meus silêncios, nas barracas dos campos de refugiados e nas casas destruídas da cidade velha de Mossul, no front e nos hospitais de campanha.

Agradeço a eles pela humanidade que nunca lhes faltou. Por terem compartilhado comigo silêncios e cansaços. Por terem insistido quando havia uma centelha de esperança, e desistido quando as almas estavam ásperas e doloridas demais para nos acolher.

Agradeço a Anna Gialucca, por ter acreditado que era possível contar essas guerras dando voz também aos culpados.

E a Christian Raimo, primeiro leitor rigoroso das minhas palavras. Agradeço a ele pelos seus questionamentos nunca banais, pelos longos cafés da manhã, lápis e rascunhos na mão.

Obrigado a Marco Damilano, o diretor do *Espresso*, semanário que abrigou os relatos de guerra e pós-guerra meus e de Alessio Romenzi, por ter acreditado em nosso olhar sobre a histórias dos culpados e a voz dos algozes.

Agradeço à minha família, minha mãe e meu pai, pelos seus tímidos «Fique atenta», pela preocupação encoberta.

A Alessio, que sabe.

E cuida do meu estado de espírito mesmo na guerra.

O agradecimento mais importante vai ao nosso filho, Pietro, que nasceu quarenta dias antes de eu partir para Mossul, com a guerra recém-iniciada.

Um dia eu contarei a ele que é apenas um acaso ter nascido nessa parte do mundo, na parte protegida, segura.

E que durante as minhas ausências eu busquei contar a vida de crianças menos afortunadas do que ele.

DAS ANDERE

1 Kurt Wolff *Memórias de um editor*
2 Tomas Tranströmer *Mares do Leste*
3 Alberto Manguel *Com Borges*
4 Jerzy Ficowski *A leitura das cinzas*
5 Paul Valéry *Lições de poética*
6 Joseph Czapski *Proust contra a degradação*
7 Joseph Brodsky *A musa em exílio*
8 Abbas Kiarostami *Nuvens de algodão*
9 Zbigniew Herbert *Um bárbaro no jardim*
10 Wisława Szymborska *Riminhas para crianças grandes*
11 Teresa Cremisi *A Triunfante*
12 Ocean Vuong *Céu noturno crivado de balas*
13 Multatuli *Max Havelaar*
14 Etty Hillesum *Uma vida interrompida*
15 W. L. Tochman *Hoje vamos desenhar a morte*
16 Morten R. Strøksnes *O Livro do Mar*
17 Joseph Brodsky *Poemas de Natal*
18 Anna Bikont e Joanna Szczęsna *Quinquilharias e recordações*
19 Roberto Calasso *A marca do editor*
20 Didier Eribon *Retorno a Reims*
21 Goliarda Sapienza *Ancestral*
22 Rossana Campo *Onde você vai encontrar um outro pai como o meu*
23 Ilaria Gaspari *Lições de felicidade*
24 Elisa Shua Dusapin *Inverno em Sokcho*
25 Erika Fatland *Sovietistão*
26 Danilo Kiš *Homo Poeticus*
27 Yasmina Reza *O deus da carnificina*
28 Davide Enia *Notas para um naufrágio*
29 David Foster Wallace *Um antídoto contra a solidão*
30 Ginevra Lamberti *Por que começo do fim*
31 Géraldine Schwarz *Os amnésicos*
32 Massimo Recalcati *O complexo de Telêmaco*
33 Wisława Szymborska *Correio literário*
34 **Francesca Mannocchi *Cada um carregue sua culpa***

Composto em Lyon Text e GT Walsheim
Impresso pela gráfica Formato
Belo Horizonte, 2021